I AM DOER!

_____

불안 다루기 연습

내일이 걱정되어
잠들지 못하는 나에게

불안 다루기 연습

김지연, 노영은 지음

오늘 어떤 하루를 보냈나요?
분주한 마음을 잠시 내려놓고,
요즘 내 마음이 어땠는지
가만히 들여다보세요.

( )

자기 전에 다가올 일들이 걱정돼서
불면에 시달리는 날이 많다.

( )

다 끝마친 일도 충분하지 않은 것 같아 신경이 쓰인다.

( )

쉴 때도 뭔가 해야 할 것만 같은 느낌이 든다.

( )

항상 최악의 상황을 가정하고 대비하려고 한다.

( )

다른 사람과 대화 후 '내가 이상한 말을 한 건 아닐까?' 걱정된다.

( )

작은 실수에도 크게 좌절하고 실수할까봐 조마조마하다.

이 장면들은 내 마음이 돌봄과
쉼을 필요로 한다는 신호일지도 몰라요.
그동안 이 마음을 애써 눌러왔나요?

이제는 나를 돌보는 시간을
스스로에게 허락해보세요.
내 안의 불안을 부드럽게 다독이는 연습,
지금부터 시작해볼까요?

Prologue
불확실한 시대를 함께 건너기 위해

 '이것은 물이다'로 알려진, 데이비드 포스터 월리스의 한 대학 졸업식 연설은 물고기에 대한 짧은 일화로 시작합니다. 두 물고기가 함께 헤엄치고 있는데 맞은편에서 다가오던 다른 물고기가 이렇게 인사를 건넵니다.
 "좋은 아침이야, 애들아. 물은 어때?"
 인사를 나눈 뒤 한참 헤엄치다 두 물고기 중 하나가 다른 물고기에게 이렇게 묻습니다.
 "물이 뭐지?"

 너무 가까이 있기에 오히려 보이지 않는 것들이 우리를 둘러싸고 있다는 사실을 떠올리게 하는 이야기였어요. 저에게도 그런 '물' 같았던 장면이 하나 있습니다.

 20대 때 매일 지하철을 타고 첫 회사에 출근하며 품었던 의문이 있어요. '출근길에 사람들 표정이 왜 이렇게 어두울까?' 이 모습이 저에겐 큰 재난처럼 느껴졌지만 아무도 이상하게 여기지 않는 것 같았어요. 그런데 어느 순간, 저도 똑같이 무표정한 얼굴로 지하철에 몸을 구겨 넣은 채 고개를 푹 숙이고 핸드폰만 보더라고요. 그 사실을 깨닫자 제 안에 '물이 뭐지?'라는 질문이 꿈틀거린 거 같아요. '우리는 어떤 세상에서 살아가고 있는 걸까? 출근길 사람들의 표정이 하나같이 어둡다면 결코 개인의 문제로만 해석할 수 없지 않을까?' 하고요.

저는 MZ세대로 불리는 청년입니다. 번아웃과 우울증을 겪기도 했고 불안감, 조바심, 강박 속에서 살아왔어요. 주변 친구들의 모습도 저와 다르지 않았어요. 몸과 마음이 망가질 때까지 일하다가, 의사의 간곡하고 반복적인 조언 끝에 진단서를 손에 들고서야 휴직을 결정합니다. 회사의 경영 악화로 구조조정이 시작되어 옆자리 동료가 갑자기 사라지기도 합니다. 이직하면 나아질까 싶어 여러 일자리를 전전해도 내일에 대한 걱정은 끝나지 않아요.

서울대병원 정신건강의학과 윤대현 교수님은 지금 우리 세대가 제2차세계대전 이후로 가장 불확실한 시대를 살아가고 있다고 말하셨습니다. 익히 들었던 AI의 출현, 정보의 과부하, 경제적 불평등 심화라는 문제들 때문만은 아닙니다. 이런 환경이 조성하는 '단절감'이 우리를 더욱 불안하게 만드는 것 같아요. 뒤처지면 안 된다, (그게 뭔지는 몰라도 뭐든 간에) 놓치면 안 된다, 더 잘해야 한다…… 이런 느낌들은 우리가 단절되어 있기에 더 증폭됩니다. 저는 '우리'가 아니라 '우리가 사는 물'에 대해 먼저 이야기하고 싶었어요. 우리가 사는 '물'을 이해할 수 있다면, 우리는 지금과는 다르게 행동할 수 있을 테니까요. 왜 다른 사람보다 더 잘하지 못했는지 스스로를 질책하는 대신, 이제는 나와 서로의 마음을 돌보며 친절해질 수 있었으면 합니다.

출근길 표정을 바꾸고 싶다는 일념으로 '왈이네'라는 명상 커뮤니티를 운영한 지 어느새 8년이 흘렀습니다. 마음챙김 명상은 이미 다양한 임상 장면에서 쓰이는 치료 기법이죠. 이때 명상은 어떤 문제를 일시적으로나마 해결하는 일종의 진통제처럼 활용됩니다. 2024년까지 '왈이네'도 이런 기능적인 측면에서 명상을 다뤄왔어요. 하지만 명상을 문제 해결 도구로만 접근하니 명상하는 사람이 마치 환자인 것처럼 느껴지더라고요. 어딘가 아픈 사람, 불안에 유독 취약한 사람, 예민하고 유난한 사람으로요. 하지만 저희가 함께 숨 쉬면서 알게 된 그들은 취약하기보다 섬세했고 유난스럽기보다 다정했어요. 우리는 가까이서 서로의 가장 건강하고 예쁜 면을 들여다봤어요. 불안을 인지하고 받아들이는 지혜와 진정한 나를 마주할 용기를 가진 멋진 사람들이더라고요. 그들과 진정한 친구가 되고 싶어졌죠. 그래서 2025년에는 '왈이네'를 팀명으로 하고, 새로운 브랜드 '눈풀꽃'을 만들었어요. 추운 겨울 눈 속에서 피어나는 강렬한 꽃, 절망을 희망으로 바꾸는 꽃, 야생에서 무리지어 함께 자라는 꽃. 우리 마음에 그런 꽃이 피어나길 바라는 마음으로요.

이 책은 2022년부터 지금까지 '불안 완화를 위한 마음챙김 명상 코스'를 운영한 경험에 비추어 썼습니다. 당시에는 우리 세대를 관통하는 키워드를 '불안'으로 정의하고 프로그램화하기까지 고민이 많았어요. '불안'이라는 단어가 불안감을 조장할 수도 있다는 생각에 조심스러웠습니다. 수강생들의 불안 심리를 자극하면서 수업 등록을 유도하고 싶지 않았거든요. 하지만 우리가 사는 '물'을 이해하는 게 먼저인 것처럼, '불안' 역시 '불안'으로 인지할 수 있어야 변화가 시작된다는 생각을 하게 됐어요. 불안한지도 모른 채 불안해하는 것과 불안하다는 걸 알고 불안을 느끼는 것은 전혀 다르니까요. 그래서 '불안 관리'라는 이름의 수업을 만들었고 덕분에 불안 속에서 헤엄치는 청년들을 만날 수 있었습니다. 우리는 내 안의 불안을 회피하는 대신 '불안'이라고 제대로 불러주기 시작했고, 불안을 다루기 위한 명상 수련을 함께했습니다. 명상을 일터나 일상에서도 이어갈 수 있도록 서로를 힘껏 지지해줬어요.

그동안 해온 일을 하나의 단어로 엮어본다면 '함께하기'라고 말할 수 있을 것 같아요. 우리는 서로의 불안에 대해 진심으로 듣고 이해하고 함께하면서 혼자가 아니라는 걸 알게 됐어요. 바로 그 과정 속에서 치유가 일어났습니다. 이 책을 읽는 분들에게도 그런 감각이 전해지면 좋겠습니다.

행복으로 가는 길은 없다고 하잖아요. 그 길 자체가 행복이라서요. 함께 걷는 동행이 있다면 그 길은 분명 더 풍성하고 아름다울 거예요. 우리 세대가 불안할 수밖에 없는 불확실한 세상을 살아가고 있다는 걸 깨달았다면, 우리가 각자 외롭게 애쓰고 있다는 걸 알게 됐다면, 서로의 손을 더 붙잡을 필요가 있어요. 누군가를 이기거나 남들보다 더 돋보이기 위해 경쟁하는 대신 함께하고 연대해야 합니다.

 출근길 지하철에 있는 사람들의 얼굴이 어둡더라도 내가 그 속에서 평화롭게 미소를 지을 수 있다면 그 칸의 공기는 미묘하게 달라집니다. 우리가 사는 세상은 바로 그런 방식으로 달라질 수 있어요. 우리 함께 불안을 불안으로 불러봐요. 우리가 조금씩 더 가까워져 서로의 손을 꼭 붙잡았으면 합니다.

영은, 지언 드림

프롤로그 010

Chapter 01
우리가 마주한 불안

영은의 이야기: 해야 할 일도 가야 할 곳도 없다	022
지언의 이야기: 회복이라는 이름의 성장	029

Chapter 02
이게 불안 때문이었다고?
불안을 알아야 비로소 보이는 것들

우리는 불안을 지나쳐왔다	042
불안의 본질 꿰뚫어보기	054
Tool Kit 숨은 두려움 만나기	070
불안을 동력으로 일할 때	074

Chapter 03
내 마음을 읽는 연습
복잡한 마음을 선명하게 바로 읽는 마음챙김

마음의 해상도 높이기	088
있는 그대로 바라보기	100
나는 내 삶의 요리사	107

Tool Kit 나의 안조건은?	112
생각·생각·감정 다루기	114
불안을 감각으로 느껴보기	129
내 마음의 접시	136
Tool Kit 마음의 접시 그리기	143

Chapter 04
편안하게 머무는 연습
불안 속에서도 나를 지키는 명상 가이드

안전한 공간 만들기	150
내 몸에 뿌리내리기	164
머릿속 세상 탈출	173
불안 알아차리기	185
불안 받아들이기	195
호기심 갖고 물어보기	205
따뜻하게 품어주기	216
에필로그	226
함께 걸어온 분들의 이야기	230

부록

알아차림 노트	236
감정 사전	240
감각 사전	243

How to use this book.
이렇게 사용해보세요!

어쩌면 지금까지 불안을 몰아붙이거나 모른 척하며 지내왔는지 몰라요. 하지만 이 책을 펼친 순간, 변화는 이미 시작되었습니다. 이제 내 안의 불안과 마주하는 방법을 배우며, 소용돌이치던 불안이 잠잠해지는 과정을 경험하게 될 거예요.

(1) 불안이 보내는 신호를 이해합니다.

1부에서는 불안이 어떤 감정인지 알아보고, 나에게 어떤 불안이 있는지 탐색하는 시간을 갖습니다. 마음속 깊은 곳에 숨은 불안을 들여다보는 툴키트가 수록되어 있습니다.

(2) 마음챙김으로 나에 대한 데이터를 수집합니다.

2부에서는 마음챙김을 통해 내 마음과 몸에서 일어나는 감각을 관찰하고 이해하는 방법을 배웁니다. 수록된 툴키트를 통해 다른 누구도 아닌 나의 시선으로 내 마음을 읽어봅니다.

(3) 명상으로 마음을 편안하게 다독입니다.

3부에서는 불안이 찾아와도 휘둘리지 않고 차분히 다룰 수 있게 도와주는 명상법을 소개합니다. 어디서든 QR코드를 통해 명상 오디오를 들을 수 있어요.

(4) 마음 상태를 꾸준히 기록해보세요.

부록에 수록된 '알아차림 노트'와 '감정 사전·감각 사전'을 활용해 나의 마음 상태를 꾸준히 기록해보세요. 기록이 쌓일수록 내 마음의 패턴을 더 분명하게 파악할 수 있어요.

Chapter 01

우리가 마주한 불안

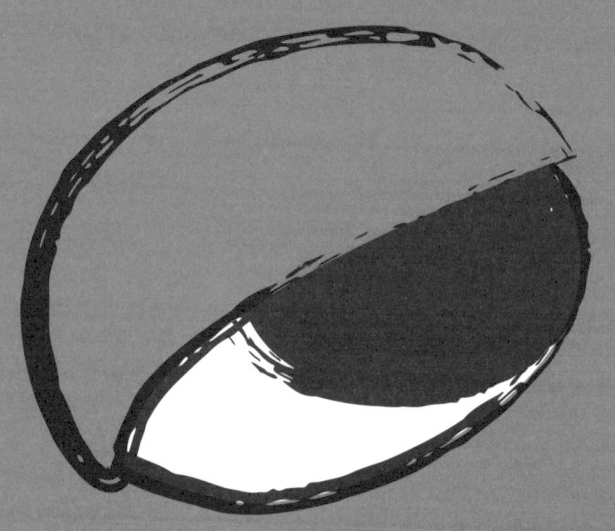

영은의 이야기

해야 할 일도 가야 할 곳도 없다

저는 자기 전에 내일 할 일을 몇 번씩 체크하는 습관이 있어요. 아침에 일어나서도 제일 먼저 할 일을 확인해요. 일을 하면서도 다음 할 일을 체크합니다. 다음 할 일을 하면서는 내일 할 일을 리스트업하고요. 리스트를 쓰면서는 빠진 게 없는지 몇 번이고 확인합니다. 그래서 제가 할 일을 제때에 잘 하는지 물으신다면, 그렇지 못한 편인 것 같아요. 할 일을 체크하고 계획을 세우는 데 너무 많은 시간과 에너지를 쏟다보니, 실제로 일에 돌입해서는 역량을 온전히 발휘하지 못하곤 해요.

저에게는 하루에 한 번 마음 상태를 기록하는 노트가 있는데요. 이제는 그 노트가 30권 정도 쌓였어요. 어느 날 재미 삼아 그 기록들을 펼쳐봤는데 365일 중에 350일은 마음 상태가 '불안'에 체크되어 있더라고요. 제가 불안도가 높은 사람이라는 것을 그제서야 알게 됐어요. 처음에는 하루가 바쁘게 흘러가니 마음 상태도 당연히 불안하고 조급할 수밖에 없다고 생각했어요. 그런데 휴무날이나 긴 휴가 기간에도 여전히 마음이 불안에 가 있더라고요. 불안 속에서 살아왔다는 사실을 인지하기까지 참 오래 걸렸어요.

 일정이나 할 일을 반복적으로 확인하는 행동도 다시 돌아보게 됐어요. 어떤 때는 이미 확인한 일정을 열 번씩 확인하기도 했거든요. 이 다음에 뭐 해야 하지, 언제까지 마감해야 하지, 다음 달 휴가 일정 잡아놔야 하는데, 내년에 전세 만기라 이사 일정 정해야 하는데 …… 바로 다음 할 일은 그렇다 쳐도 다음 달이나 내년 계획까지 세우고 있더라고요. 그런 저를 처음으로 분명하게 마주하면서 제가 미래에 살고 있다는 걸 알았어요. 미래에 사는 만큼이나 과거에 살기도 했습니다. 친해지고 싶은 분과 점심을 먹고 온 날에는 제가 한 말을 되짚어보면서 '아, 그 말을 왜 했을까! 나를 안 좋게 생각하면 어떡하지?' 하고 자책했습니다. 분명 아주 좋은 시간이었는데도요. 이렇게 과거에

한 행동을 불필요하게 곱씹으면서 불안이 더 높아졌어요.

미래를 계획하는 것은 위험에 대비하는 데 도움이 되며, 과거를 회상하는 것은 배움과 교훈을 얻을 수 있는 생산적인 활동이기도 합니다. 그런데 제 삶에는 계획과 회상밖에 없었던 것 같아요. 계획과 회상으로 꽉 차서 지금 이 순간을 느낄 기회가 없었어요. 마음이 현재에 있지 못하니까 계속 불안했어요. 외부 상황이 달라진다고 불안이 사라지는 건 아니더라고요. 이번 프로젝트만 끝나면 괜찮아질 거야, 퇴사하면 괜찮아질 거야, 스페인으로 휴가를 떠나면 괜찮아질 거야, 결혼하면 괜찮을 거야, 쇼핑하면 나아질 거야……. 글쎄요, 일시적으로는 괜찮았던 적도 있지만 결국에는 다시 불안해졌어요.

외부 상황을 바꾸려는 노력을 그만두고 내면을 들여다보는 명상을 시작하면서 불안도에 조금씩 변화가 생겼어요. 불안해서 그러는지 놀랐던 시기도 있었고, 불안하다는 걸 알면서 모른 척했던 시기도 있었어요. 명상은 기존에 했던 노력을 완전히 반대로 하는 연습이었어요. 불안에 다가가 마주 앉는 방식이었거든요. 불안을 만나고 공부하면서 가장 크게 달라진 건, 불안도 저를 도우려고 찾아오는 감정이라는 걸 알게 된 거예요. 불안은 저를 준비시켜요. 곧 커다란 야생 곰이 저를 공격할지도 모르니까 당장 도망가거나 대비해야 한다고 말해줍니다. 그런 불안의 역할을 이해하자 처음으로 불안에게 고마운 마음이 들었어요.

그런데 문제는, 곰이 없는 상황인데도 불안이 계속 나타나는 것이었어요. 마치 금방이라도 곰이 나타날 것처럼 심리적 불안감이 지속되었고, 심장 박동이 빨라지고 입술을 깨물고 두통이 심해지는 등 신체적인 증상도 나타났거든요. 이제는 곰이 없는 상황에서 불안이 찾아오면 부드러운 목소리로 이렇게 말해주는 연습을 하고 있어요.

"그래, 그래. 괜찮아. 네가 거기에 있다는 걸 알아."

그럼 불안이 저에게 더 큰 목소리로 "아니라니까! 진짜 위험하다고! 큰일 날 거라고!"라고 말할 때도 있어요. 그럴 때는 약간의 미소를 지으면서 숨을 세 번 쉬어요. 무엇이 진실인지 분명하게 살피려고 합니다. 생각이나 감정의 커튼을 걷어내고 지금 여기의 진짜 모습을 보려고 해요. 그런 과정을 거치면 우선 힘이 잔뜩 들어간 몸이 느껴지더라고요. 목과 어깨를 가볍게 스트레칭하고 마사지하며 힘을 툭 풀어요. 그리고 다시 부드러운 목소리로 이렇게 물어봅니다.

"불안아, 거기에 있어도 돼. 네가 나를 돕기 위해 왔다는 걸 알아. 고마워."

불안을 없애려고 하거나 억지로 편안한 상태로 바꾸려 하지 않았어요. 집에 온 손님을 현관에서 내쫓지 않듯이, 거실에 자리를 내어주는 연습을 했어요. 가끔 여유가 된다면 차를 한 잔 건네기도 하고요. 이제는 불안이 저희 집 문을 쾅쾅 두드리면 집에 없는 척하거나 모른 척하지 않아요. 익숙한 손님이 왔으니 문을 열어주고 인사합니다. 거실 소파에 나란히 앉아 이야기를 나누기도 해요. 불안도가 높은 저를 책망하거나 그럴 수밖에 없었던 환경을 탓하지 않고, 불안과 친구가 되는 연습을 하고 있어요. 정말로 친구가 되고 싶어요.

여전히 자기 전에 내일 할 일을 두세 번씩 확인합니다.

이전과 달라진 점이 있다면, 그런 나 자신을 분명하게 볼 수 있게 됐다는 거예요. '아, 내가 불안하구나! 불안함 때문에 확인한 걸 또 확인하고 있구나' 하고 인지되면 잠시 핸드폰을 내려놓고 숨을 세 번 쉴 수 있어요. 숨을 통해 내일에 가 있는 마음을 지금 여기 침대 위로 데려옵니다. 그렇게 스르르 꿀잠에 빠져드는 날들이 늘어나고 있어요.

해야 할 일도 가야 할 곳도 없다.
Nothing to do. Nowhere to go.

틱낫한 스님의 말씀이에요. 마음에 불안이 스멀스멀 차오를 때 저는 이 말을 떠올립니다. 약을 먹듯이 이 말을 온몸의 세포에게 들려줘요. 공원에 잠깐 나가 산책할 때 오후에 할 일을 떠올리는 대신 발아래 폭신한 흙을 느껴요. 어제 비가 와서 흙이 이불처럼 폭신폭신하더라고요. 수영할 때는 어떻게 헤엄치면 더 빨리 도착할까 계산하는 대신 손가락 사이로 빠져나가는 간지러운 물살을 느낍니다. 혼자 밥을 먹으면서 오른손에 순가락을 들고 왼손으로는 유튜브 지식 채널을 탐색할 때도 스스로에게 부드럽게 말해줍니다. "놓친 것도 없고 더 알아야 할 것도 없다"라고요. 그리고 입안 쌀밥의 맛을 더 음미해봅니다.

  이제 조금은 알 것 같아요. 저 말의 진정한 의미를요. 물론 저에게는 해야 할 일이 있습니다. 가야 할 곳도 있고요. 그렇지만 삶은 지금 이 순간에만 가능합니다. 미래가 아니라요. '해야 할 일도 가야 할 곳이 없다'는 말은 지금 이 순간을 온전히 살아가는 삶을 가리키는 진실이었던 거죠. 삶은 지금 여기에서만 일어나고, 일어날 수 있습니다. 그렇다면 우리에게 정말로 해야 할 일과 가야 할 곳은 없어요. 삶을 더 풍요롭게 살아가는 방법을 함께 수련할 수 있어서 정말 기쁩니다. 반가워요.

지언의 이야기
회복이라는 이름의 성장

예전에 함께 일했던 편집자님이 들려주신 이야기입니다. 회사에서 새로운 사람을 뽑을 때 "나를 하나의 단어로 표현해보세요"라는 질문을 던졌다고 해요. 여러 답변이 나왔지만, 면접에서 뽑힌 사람의 단어는 '그럼에도 불구하고'였대요. '삶에 많은 역경이 있었음에도 불구하고' 여기까지 왔다는 뜻일까요? '그럼에도 불구하고'라는 말로 나를 설명한다는 것이 꽤나 낭만적으로 들렸어요. 그 말을 듣자마자 자연스레 제가 겪은 역경이 떠올랐습니다. 그리고 곧 고개를 끄덕였죠. 그래, 나와 역경의 관계 역시 '그럼에도 불구하고'였구나 하고요.

지난 몇 년간의 일들에 '그럼에도 불구하고'라는 말을 넣어 회고해봤어요. 두 시간짜리 영화를 앉아서 볼 수조차 없는 상태였음에도 불구하고, 운영하던 센터가 없어져 온라인으로 수업할 수밖에 없었음에도 불구하고, 할 수 있는 일이 없었음에도 불구하고, 통증을 말끔히 낫게 해줄 의사를 찾지 못했음에도 불구하고, 프로그램 판매가 잘되지 않아 두세 명의 수강생과 수업할 수밖에 없었음에도 불구하고…….

어느 한갓진 오후에 평소처럼 커피를 마시다가, 문득 '그럼에도 불구하고'가 지난 일들을 표현하기에 충분하지 않다는 생각이 들었습니다. 어쩌면 잘못 사용하고 있던 걸지도 모른다고요. 집에 돌아와서 '그럼에도 불구하고'로 정리했던 일들을 '그래서'로 다시 수정해봤습니다.

두 시간도 앉아 있을 수 없어서, 그래서 매일 만 보 이상을 걸었어요. 걸으면 덜 아팠으니까요. 걸으면서 자연과 새로운 사람들을 만났고, 반려견과 더 많은 시간을 함께 보냈어요. 발걸음마나 복잡했던 생각들이 정리됐어요.
온라인으로 수업을 할 수밖에 없는 상황이어서 새로운 과제에 도전할 수 있었어요. 명상 수업에서 공간은 감각을 통제하는 중요한 역할을 하는데 그 도움을 받을 수 없는 만큼 콘텐츠에 공력을 쏟고, 정확하게 안내하기 위한 역량을 갈고닦았습니다. 맨몸으로 승부하며 내실을 쌓을 수 있었어요.

기대하던 일이 엎어지고 한참 미뤄지면서 매달리던 일로부터 자유로워졌어요. 그 일이 없어도 나는 여전히 숨 쉬고 있었고, 할 수 있는 수많은 다른 일들이 눈에 들어왔습니다. 일에 매진하느라 확인할 기회가 없었을 뿐, 내가 사랑하고 나를 사랑하는 사람들이 여전히 곁에 있었어요. 별일을 하지 않아도 괜찮은 인간이라는 느낌은 저에게 단단한 받침대가 되어주었어요.

내 병을 분명하게 설명해주고 고쳐줄 의사를 찾지 못해서 나를 돌보는 데 필요한 지식과 기술을 공부하기로 했어요. 절박한 마음으로 의사 쇼핑에 나서며 멀리까지 치료를 받으러 다녔지만 나아지지 않았거든요. 매주 PT와 요가를 하면서도 몸은 자꾸 삐걱댔어요. 그러다 생각을 고쳐먹었습니다. 내 몸을 외주 주지 않기로요. 내가 내 몸을 천천히 알아가기로, 또 통증과 함께 살아가기로 다짐했어요.

프로그램 판매가 잘되지 않아 소수 정예로 수업을 하게 돼서 한 사람 한 사람과의 접촉면이 넓어졌고, 그들의 이야기를 더 자세히 들을 수 있었어요. 그 덕분에 프로그램도 더 세심하게 다듬어졌죠. 무엇보다 좋은 프로그램을 만들려면 사람들이 무엇에 관심 있고, 어떤 부분에 불편감을 느끼는지 주의를 기울여야 한다는 걸 알았어요. 생계가 어려워지니 정신이 번쩍 들었던 거죠. 사람들의 이야기를 듣고 이리저리 깨지면서 내가 옳다는 생각을 버리는 연습을 했어요.

부서지고 깨지는 순간이 갑자기 찾아왔던 것처럼, 매일을 살아가는 세상이 새롭게 보이는 순간도 예고 없이 찾아왔어요. 마음 깊은 곳에서는 어렴풋이 알고 있었어요. 내 안의 엉킨 부분이 점점 빠르게 덩치를 불려가고 있다는 것도, 계속해서 일정한 깨달음이 차곡차곡 쌓여가고 있다는 것도요. 변화는 갑작스러워 보이지만, 사실은 그동안 쌓여온 것들이 모습을 드러내는 거잖아요. 무너져 내린 것도, 일어선 것도 아주 사소한 일 때문이었어요. 사실 그 사소한 일은 수없이 떨어진 물방울 중 하나였을 뿐이겠지만요.

저는 많은 청년들의 불안을 가까이에서 지켜보는 일을

하면서 불안을 이해하고 담아내기 위해 애썼습니다. 불안은 소진을, 무기력을, 절망을, 자책과 죄책감을, 화를 데리고 오더라고요. 고통이 고통을 낳았어요. '고통의 본질은 뭘까?' 떠올릴 때면 저는 다시 고통받았습니다. 저의 일과 삶에도 감당하기 어려운 양의 고통이 넘실거리고 있었어요. '왜 고통은 또 다른 고통을 낳을까? 어떻게 세상에는 이렇게나 많은 비극이 있을까? 고통은 왜 있는 걸까? 고통을 어떻게 대해야 할까?' 저는 수년간 불안에, 고통에 코를 박고 있었어요.

그날 '그럼에도 불구하고'를 '그래서'로 고쳐 쓰면서 밀려드는 감동을 느꼈어요. 고통의 본질이 고통에 있지 않다는 것을 알았습니다. 밝음과 어두움의 대비가 고통을 만들고 있었어요. 고통이 없다면 평화도, 기쁨도, 성장도 없습니다. 여럿이 없다면 하나도 없고, 어두운 곳이 없다면 밝은 곳도 없고, 모든 게 변하지 않는다면 삶이 아름다울 수 없었습니다. 고통을 담기 위해 받치고 있던 바가지는 필요하지 않았어요. 고통은 흘러 다시 바다로 흘러들어가고 구름이 되었습니다. 그날 날아갈 듯한 자유로움을 느꼈어요. 고통은 자연스러운 삶의 일부였어요.

진흙 없이 연꽃은 없다.

No Mud No Lotus.

틱낫한 스님은 이 말을 자주 인용하셨습니다. 'No pain no gain'이라는 말과 비슷하게 들리지만 미묘하게 다릅니다. 고통이라는 대가를 치르면 얻는 것이 있다는 말은 참고 견디면 결국 보상이 따른다는 의미입니다. 반면 '진흙 없이 연꽃은 없다'는 말에서는 연꽃을 취해야 하는 대상으로 보지 않습니다. 단순히 연꽃이 연꽃으로 자라고 피어나는 것에 대해 이야기하죠. 그 점이 참 좋았어요.

고통을 흙으로 바라보면 어떨까요? 포도를 키울 때 땅이 포도에게 주는 시련은 대단한 고통일지도 모릅니다. 그러나 포도는 척박한 땅에서 자라며 강인한 생존력을 갖추고, 볕을 보기 위해 제멋대로 휘며, 자기만의 색깔과 풍미를 만들어내잖아요. 우리는 맛있는 와인을 얻기 위해 일부러 척박한 포도밭을 고르기도 하면서, 자신의 삶에 주어진 땅에는 불평하곤 합니다. 흙을 두고서는 '딛고 이겨낸다'는 표현을 쓰지는 않잖아요. 흙은 포도가 자랄 수 있는 조건을 만들어줍니다. 이때의 흙은 더 이상 '견딤'의 대상이 아니에요.

　불안하고, 절망스럽고, 나 자신이 세상에서 제일 미워지는 경험은 운이 지지리도 없어서 찾아온 불행이 아니었어요. 액땜도 아니고, 견뎌내야 할 대상도 아니었어요. 오히려 저를 기르고 있었어요. 이를 악물고 견딘다고 생각하는 그 순간에 저는 자라나고 있었습니다. 흙이 있어야 씨앗이 싹을 틔우고 꽃이 자라듯이요. 저에겐 뿌리가 송두리채 흔들리는 깨달음이었습니다. '그럼에도 불구하고 결국은 잘 이겨냈어요'는 진실을 담는 문장이 아니었던 거예요. 우리 삶에 불안이, 채워지지 않는 목마름이, 고통이 있어서 우리는 우리가 되었으니까요.

Chapter 02

이게 불안 때문이었다고?

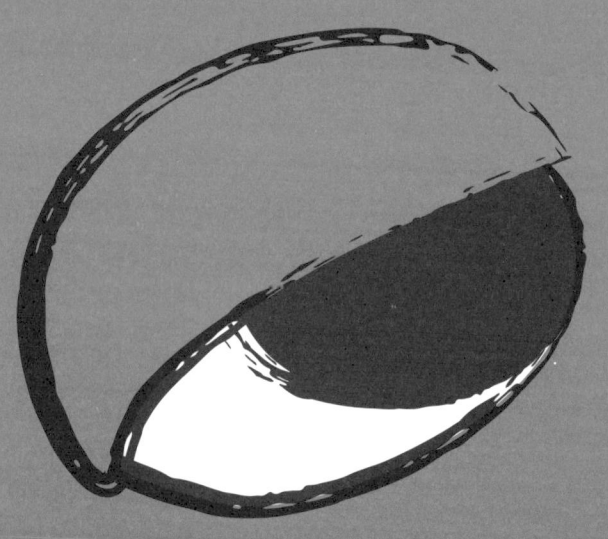

불안을 알아야 비로소 보이는 것들

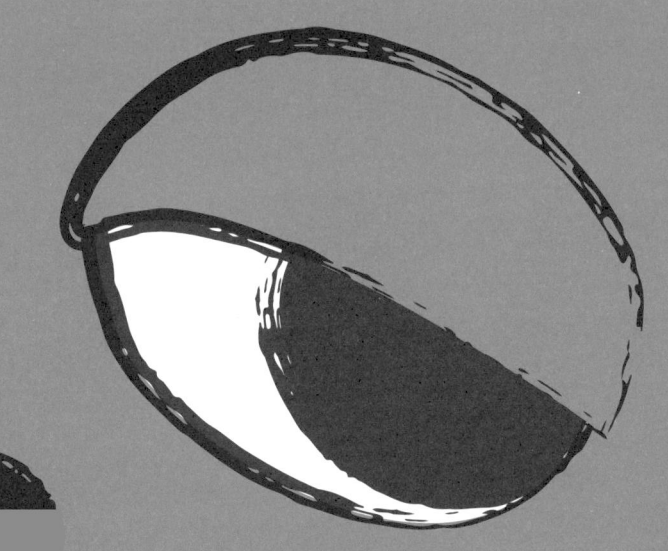

우리에게 불안은 꽤나 낯선 감정일지도 몰라요. 우리는 하루 동안 얼마나 많은 불안감 속에 일을 처리했는지, 그 불안의 밑바닥에 어떤 두려움이 있는지도 모른 채 살아갑니다. 컵을 들 때 엄지손가락에 얼마나 힘을 주는지, 그리고 복부가 얼마나 미세하게 수축하는지를 일일이 인식하지 않는 것처럼요. 우리가 불안을 인지했을 때는 이미 불안이 임계치를 넘어 몸의 증상으로 나타나기 시작한 순간일 가능성이 큽니다. 하지만 불안은 그 증상이 시작되기 한참 전부터 이미 내 곁에 있었습니다.

건강한 불안은 우리를 미리 준비시키고 행동하게 하죠. 하지만 찾아온 불안을 마주하지 않고 계속 모르는 체하거나 억지로 없애려고 하면 병리적 불안으로 변모하기도 합니다.

이러한 불안은 근거 없이 불쑥 나타나 안전을 판단하는 내면의 감각을 고장 내고 삶의 질을 떨어뜨립니다.

나의 불안은 어디쯤 위치하고 있나요? 불안하다고 언제 느끼나요? 선뜻 답하기 어렵다면 지금부터 내가 지나쳐온 불안을 이해하는 시간을 가져봅시다. 내가 나의 마음에 대해 얼마나 모르고 있었는지 알 때, 나 자신을 새롭게 만나는 여정이 시작됩니다. 그 첫걸음을 함께 내딛어봐요.

Chapter 02
Point

(1) 지나치기 쉬운 불안의 본질을 이해합니다.

(2) 나에게 어떤 불안이 있고 왜 불안해지는지 탐색해봅니다.

(3) 불안이 보내는 몸과 마음의 신호를 배워봅니다.

우리는 불안을 지나쳐왔다

 요즘 좀 어떠세요? 밤에 잠이 잘 오지 않나요? 끊임없이 무언가 하는데도 진척이 없다는 느낌이 들거나, 때로는 숨이 잘 안 쉬어지기도 하나요? 그렇다면 어쩌면 불안을 제대로 다루지 못하기 때문일지도 모릅니다. 불안을 다루는 법을 알게 되면 불안에 휘둘리지 않을 수 있어요.

 불안이 아예 없어지길 바라고 있나요? 그 마음 정말로 이해합니다. 하지만 불안을 자세히 보면요, 불안도 다른 감정과 마찬가지로 나를 도와주려고 나타난 감정이라는 것을 알 수 있어요. 위험 상황을 예상하고 내가 다치지 않게 대비하려는 거죠. 무조건 피해야 하는 대상으로 보지 않고, 호기심을 가지고 이해하고자 다가서면 불안이 생각보다 덜 무겁게 느껴질 거예요. 다행히 불안을 현명하게 다루는 구체적인 방법이 있습니다. 앞으로는 불안이 찾아와도 지금까지와 다르게 대응해보려고 합니다. 불안을 없애는 방법이 없다면, 불안과 함께 잘 살아가는 법을 배워야죠. 지금부터 그 준비를 해보려고 합니다.

최근 몇 년 사이, 기술의 발전과 사회 구조 변화로 인해 많은 사람들이 회사로부터 물리적, 심리적으로 독립했어요. 일의 형태가 크게 변하고 있음이 피부로 느껴집니다. 저희와 함께 수련 중인 멤버 중에서도 많은 분들이 이러한 변화를 경험했는데요, 여러 불안정한 상황 때문일까요. 몸과 마음의 이상 증세를 토로해왔어요.

우리는 불안에 대해 이야기하다가 중요한 공통점을 하나 발견했습니다. 모두가 불안에 사로잡혀 상황을 제대로 볼 시간조차 허락하지 못하고 있다는 사실을요. 불안한 상황을 극복하려면 우선 멈추어서 스스로를 진정시킨 다음, 상황을 차분히 바라보며 현명하게 선택할 시간이 필요합니다. '불안하니까 지금 당장 행동해야지!' 하고 엉덩이를 들썩이는 우리에게 "당신이 불안한 마음을 가지고 행동하니까 똑같은 상황이 반복되는 거에요!"라는 이야기는 별로 달갑지 않겠지요. 하지만 입에는 써도 몸에 좋은 약처럼, 불편하니까 꼭 필요한 이야기가 아닐까요? 불안에 끌려가며 행동하는 대신 잠시 멈추어서 나의 불안과 만날 때, 오히려 더 나은 방향으로 부드럽게 나아갈 수 있습니다.

마음챙김 수업에 처음 오신 분들께 건네는 질문이 있습니다. 내 마음에 노크해볼 수 있도록 돕는, 일종의 마음 체크인이랄까요?

"오늘 마음이 어떠신가요?"
"지금 마음이 어떠세요?"

이렇게 여쭤보면 "괜찮아요"라고 하시는 분들도 있고 골똘히 생각에 잠겨 대답하지 못하는 분들도 있어요. 여러분은 어떤가요?

내 마음을 설명하는 데는 연습이 필요합니다. 그중에서도 불안은 생각보다 익숙한 감정이 아닐 수 있어요. 우리는 불안이 극도로 강해졌을 때야 비로소 불안하다고 자각하는 경향이 있습니다. 우리는 오랜 시간 불안을, 어쩌면 나를 지나쳐왔습니다. 그래서 이제부터 내가 지나 보냈던 불안을 다시 알아가보려고 합니다.

불안의 시그널

우울했던 순간을 떠올려볼까요? 우울의 기억은 꽤나 선명합니다. 도저히 무시하려고 해도 무시할 수 없는, 무겁고 선명한 느낌으로 찾아오는 감정이죠. 무기력하고, 아무것도 하고 싶지 않고, 지치고 또 공허한 느낌. 이런 느낌은 분명하기에 곧바로 '아, 지금 우울함이 찾아왔구나!' 하고 알아차릴 수 있었어요. 하지만 불안은 달랐습니다. 불안을 동력 삼아 공부하거나, 일하거나, 글을 쓰거나 아니면 회피하고자 드라마를 보는 식으로 곧장 행동하곤 했죠. 불안에 바로 반응해서 행동했기에 불안을 불안으로 제대로 마주해본 적이 없었습니다. 오랫동안 제가 불안한지 모르고 살았습니다.

알고 보니 불안은 참 다양한 얼굴로 나타나더라고요. 저는 원래 즉흥적인 P 성향의 사람인데요, 불안이 올라올수록 J처럼 계획하려는 모습이 나타나요. 투두 리스트를 자꾸 확인하고, 전체 계획 대비 현재 진행 상황을 살펴보면서 혹시 모를 오류를 바로잡습니다. 이런 모습이 긍정적으로 비춰질 때가 많아서 그런지 제가 그리 불안해하고 있다고는 생각하지 않았어요.

'불안'이라는 감정에 대해 배우고 내 몸의 느낌에 집중하면서 서서히 불안의 순간을 포착하게 되었습니다. 어떤 날에는 불안을 연료로 사용하고 있는 것을 알면서도 몸을 혹사하고 있었어요. 아쉬탕가 요가, 크로스핏 등 고강도 운동을 해내다보면 아무런 생각이 나지 않아서 좋았습니다.

때로는 불안해서 사람들을 만나지 않기도 하고 불안해서 너무 많은 사람들을 만나기도 했습니다. 책을 더 많이 사고 더 열심히 공부하면서 일에 매달리기도 했어요. 인스타그램에 더 많은 스토리를 올리고 주식 창을 들락날락했습니다. 요즘은 꽤 자주 저 자신에게 묻습니다.

"너…… 혹시 불안하니?"

불안을 알아갈수록 이 친구는 보통 우울하기 전에 찾아오는다는 것을, 우울보다 훨씬 자주 만난다는 것을 알게 되었습니다. 불안을 좀 더 일찍 불안으로 알아봐줄 수 있다면 얼마나 좋을까요? 자, 그러면 불안을 느낄 때 몸에 어떤 신호가 나타나는지 함께 살펴볼게요.

신체적 반응이 나타날 때

보통 두 가지 경로를 통해 '내가 불안을 느끼고 있구나!' 하고 의식하게 됩니다. 우선 신체적인 반응이 나를 압도하는 경우입니다. 갑자기 심장이 너무 빨리 뛰거나, 순간적으로 숨이 잘 쉬어지지 않거나, 몸과 마음이 붕 뜨는 듯한 느낌이 드는 것이죠. 어떤 불안은 몸에서 "나 여기 있다!" 하고 소리를 지르다시피 합니다. 눈으로 직접 관찰될 정도로요.

다리를 덜덜 떨기도 하고, 계속 핸드폰을 들었다 놨다

하며, 인스타그램에서 스크롤을 쓱 내렸다가 다시 홈 화면으로 나오기를 반복합니다. 입술을 잡아 뜯거나, 머리카락을 하나씩 뽑거나, 손톱의 큐티클을 자꾸 만지작거리는 분들도 있어요.

반면 '이것도 불안과 관계가 있다고?' 싶을 만큼 예상 밖의 신체적 징후가 나타나기도 합니다. 근육이 긴장해서 뻣뻣해지고, 목이나 허리에 통증이 생기면서 불편해지거나, 두통이 찾아올 수도 있어요. 가슴에 알 수 없는 통증이 생기고 숨이 갑갑해져서 불면증이 생기기도 하고요. 소변을 유난히 자주 보는 것도 불안의 영향일 수 있습니다.

몸이 보내는 시그널을 통해 내가 불안하다는 것을 좀 더 일찍 알아차린다면 불안을 더 키우지 않고 즉시 돌볼 수 있어요. 불안할 때 가장 흔하게 나타나는 몇 가지 반응이 있어요. 그런 반응들을 완화시키기 위해 그 자리에서 바로 해볼 수 있는 간단한 방법들을 한번 알아볼게요. 불안감이 완전히 사라지지는 않더라도 몸을 편안히 풀어주는 데 도움이 될 거예요.

1) 호흡을 참게 돼요. 한숨을 자주 쉬어요

 말 그대로 불안하면 숨을 안 쉬는 것이죠. 무의식적이고 자동으로 나오는 반응입니다. "숨을 오래 참는지는 모르겠는데요, 제가 자꾸 한숨을 쉬어요" 하시는 분도 있어요. 모두 같은 경우입니다. 숨이 안 쉬어지고 답답하니까 한숨을 쉬게 되죠. 그래도 저는 "제가 호흡을 참아요! 한숨을 자주 쉬어요!" 하는 분을 만나면 속으로 안심합니다. 호흡을 참고 있는 줄도 모르는 분들이 많거든요.

 불안이 눈덩이처럼 커지기 전에 내 몸의 여러 신호를 세심하게 감지해야 한다고 이야기했죠. 여러 신체 감각 중에서도 가장 느끼기 쉬운 것이 바로 호흡 아닐까요? 호흡에 대한 인지를 개선해나간다면 불안을 알아채는 것도 훨씬 쉬워집니다. 호흡이 답답하고 불편할 때 취할 수 있는 방법은 다양합니다.

 첫 번째, 나를 다른 장소로 옮겨보세요. 특히 밖으로 나가서 하늘 아래로 가면 더 도움이 됩니다. 나와 세상이 연결된 것을 더욱 잘 느낄 수 있는 곳으로요.

두 번째, 숨을 끝까지 내쉬는 것에 집중해보세요. 크게 들이마시려고 애쓰기보다 오히려 숨을 끝까지 비우면 숨이 자연스럽고 편안하게 들어오는 것을 느낄 수 있어요.

숫자를 세면서 호흡을 조절하는 방법도 있습니다. 4초간 숨을 들이마시고, 4초간 멈추고, 4초간 내쉬고, 4초간 멈추는 겁니다. 4-4-4-4 호흡법입니다. 속도는 내 숨의 길이에 맞게 좀 더 빠르게, 또는 느리게 조절해보세요.

2) 몸이 얼어붙어요

불안의 또 다른 시그널은 몸의 움직임이 사라지는 거예요. 저는 온라인에서 일대일로 만나는 개인 명상 세션을 운영하고 있는데요. 오프라인보다 회원들의 상태와 변화를 체크하는 것이 훨씬 더 어렵더라고요. 그래서 온라인으로 만날수록 바디랭귀지를 더 주의 깊게 보게 되었어요. 그러다보니 온라인 팀 미팅을 할 때도 계속 몸의 움직임을 살피게 되더라고요. 하루는 회의를 하는데 갑자기 한 동료의 상체 움직임이 완전히 사라지더라고요. 마감을 이제 더는 미룰 수 없는 곤란한 상황이었거든요. 그 순간, 동료에게 불안이 찾아왔다는 것을 곧장 알았습니다.

혹시 지금 몸이 미동도 없이 굳어 있지는 않은가요?

불안과 몸의 패턴이 연동되어 있다는 것이 다행인지도 모릅니다. 이것을 반대로 이용해 불안을 다룰 수 있기 때문입니다. 굳은 몸을 부드럽게 움직이면서 대화를 이어가보세요. 어색하지 않을 만큼만 미묘하게 양쪽 골반에 교대로 무게를 실으면서 좌우로 몸을 부드럽게 움직여보세요. 상체를 부드럽게 움직이는 동안 4-4-4-4 호흡과 함께 이어가보아도 좋습니다.

3) 아랫배에 힘이 들어가요. 목과 어깨가 뻐근해요

불안의 세 번째 시그널은 하복부에 힘이 들어가는 거예요. 아랫배를 나도 모르게 쏙 집어넣고 있는 듯한 느낌입니다. 이 느낌이 한참 지속되고 나면 숨이 편안하게 쉬어지지 않아서 목과 어깨에 통증이 올라옵니다. 이쯤 되면 '불안이 뭉게뭉게 커졌구나!' 하고 알아차리게 됩니다. 이런 상태라면 숨을 들이마실 때는 골반의 앞쪽에, 내쉴 때는 골반의 뒤쪽(꼬리뼈)에 무게를 실어보세요. 그리고 호흡과 함께 골반을 앞뒤로 굴리면서 부드럽게 척추의 커브를 만들어보세요.

이렇게 같은 움직임을 반복하면서, 숨을 들이마실 때 골반을 앞쪽으로 굴리며(골반 쏟아짐) 아랫배에 자유를 허락해보세요! 배를 편안하게 쑥 내밀어보아도 좋습니다. 숨을 내쉴 때는 골반을 뒤로 굴리면서(골반 말림) 끝까지 숨을 비우세요. 숨을 들이마실 때는 아랫배를 편안하게 내밀고 내쉴 때는 숨을 끝까지 내쉬기를 반복합니다.

행동을 제어하지 못할 때

불안을 인지하게 되는 또 다른 시그널은 '내가 왜 이러지?'라고 생각하면서도 특정 행동을 반복하는 것입니다. 마치 브레이크가 없는 차에 탄 것처럼 스스로를 조절하기 어려운 것이죠. 인스타그램을 그만하고 싶은데도 계속 보게 되고, 일하고 싶지 않은데도 일에 자꾸 손이 가며, 잠을 자고 싶은데도 긴장이 풀리지 않는 상황인 거죠. 내가 내 뜻대로 움직이지 않으니 점점 더 불편해집니다. 이러한 불편함이 지속되거나 반복될 때가 되어서야 비로소 '내가 불안한가?' 하고 마음을 들여다보게 됩니다.

내가 원하는 방향으로 행동과 감정을 조절할 수 있는 능력을 '자기 조절력'이라고 합니다. 자기 전에 하루를 돌아보며 나의 자기 조절력에 0부터 10까지 점수를 매겨보세요. 오늘 내가 얼마나 내 뜻대로 잘 움직였는지 살펴보는 거예요. 자기 조절력이 5 이하로 떨어진 상태가 몇 날 며칠 동안 이어진다면 혹시 나에게 불안이 찾아왔는지, 그리고 무엇이 불안한지 물어볼 수 있는 좋은 타이밍입니다.

불안의 본질 꿰뚫어보기

왜 나는 자꾸 불안한 걸까요? 왜 이렇게 쉽게 불안해지는 걸까요? 내가 걱정하고 두려워하는 것의 정체를 명확히 알지 못하기 때문일지도 모릅니다. 막연한 상태에 있을수록 불안은 더 크고 무겁게 느껴집니다. 그래서 이번에는 함께 불안의 본질을 이해하고, 그 실체를 꿰뚫어보는 연습을 해보려 합니다.

'내가 저 사람과의 갈등을 두려워하고 있었구나!'
'무언가를 잃을까봐 불안했던 거였구나!

이렇게 불안의 밑바닥에 어떤 생각이 숨겨져 있었는지 알아차리는 순간, 우리는 불안을 더 잘 다룰 수 있게 됩니다. 불안의 실체를 제대로 알면 왜곡된 생각을 날카로운 칼로 잘라낼 수 있어요. 그렇게 잘라낸 자리에는 명쾌함과 자유로움이 찾아올 거예요.

불안과 두려움의 관계

불안과 두려움은 시제가 다른 하나의 단어 같아요. 두려움이 '현재 진행형'이라면 불안은 '미래형'이거든요. 늦은 시간 으슥한 골목을 걷고 있을 때 뒤에서 모자를 푹 눌러쓴 사람이 갑자기 다가온다면 기분이 어떨까요? 심장이 콩닥콩닥 뛰고 온몸의 털이 바짝 서는 것처럼 오싹하겠죠? 이것이 바로 두려움입니다.

반면 현실이 아닌 상황 때문에 생기는 감정은 불안이에요. 열어둔 창문으로 누가 들어오지는 않을까 조마조마한 것이 바로 불안입니다. 지금은 돈이 부족하지 않은데, 갑자기 돈 쓸 일이 생겨서 꼭 필요한 곳에 쓰지 못할까봐 조마조마한 것도 불안이고요. 결국 내 생각 안에 두려움이 있는 거예요. 두려워하는 일이 일어날까봐 조마조마해도 지금 구체적인 위협으로 이어지지는 않습니다. 결국 불안은 '미래형'이라고 볼 수 있어요.

'아무 일도 없는데 도대체 왜 이렇게 불안한 거야!'라는 말은 불안의 본질을 이해하지 못해서 하는 이야기일 수 있어요. 두려움의 장면이 머릿속에 선명히 펼쳐질 때도 있어요. 하지만 그 두려움의 실체가 분명하지 않을 때가 더 많습니다. 무엇을 두려워하고 있는지 모르는 채로 두려워하는 것, 그것이 바로 불안입니다.

우리는 태생적으로 불안을 껴안고 사는 존재입니다. 누구나 언젠가 병들고, 늙고, 죽습니다. 그리고 내가 사랑하는 사람들도 언젠가 병들고, 늙고, 죽을 것을 알고 있습니다. '언젠가'라고는 하지만 오늘이 될지, 내일이 될지, 수십 년 후가 될지 아무도 모릅니다. 어떤 일이 언제, 어떻게 생길지 한 치 앞을 모른 채 불확실성 속을 이리저리 떠돌아다니면서 살아갑니다. 인간의 유한함을 매일 바라보기에는 너무나 버거워서 우리가 무엇을 두려워하는지마저 까마득히 잊곤 합니다.

하지만 어떤 두려움을 갖고 있는지 모를 때 불안은 더 강한 힘으로 나를 휘두릅니다. 그래서 불안을 다루려면 숨은 두려움의 실체를 과감하게 마주할 필요가 있습니다. 그게 존재론적인 불안인지, 내가 구체적으로 그리는 최악의 상황인지, 그것도 아니면 무엇인지 나 자신에게 다정하게 물어보는 거예요.

거절과 배제에 대한 두려움, 평가에 대한 두려움, 인정받지 못하는 것에 대한 두려움, 비난받는 것에 대한 두려움, 소중한 관계를 잃는 것에 대한 두려움, 그저 그런 관계를 잃을 것에 대한 두려움(저는 왜인지 이런 것도 두려워해요) 등이 있을 거예요. 뿐만 아니라 궁극적으로는 혼자가 되는 것에 대한 두려움, 소속된 곳에서 쫓겨날 것에 대한 두려움, 생계 수단을 잃을 것에 대한 두려움, 진실을 말하는 것과 또 다른 진실을 마주하는 것에 대한 두려움, 가족이 나를 부끄러워할지도 모른다는 두려움, 아주 사소한 두려움부터 떠올리는 것만으로도 몸서리쳐지는 큰 두려움까지! 우리는 하루에도 무수히 많은 두려움을 피해서, 때로는 두려움을 통과하며 갈지자로 걷고 있습니다.

· · ·

 우리는 함께 어울려 살아가는 존재이지만, 관계 맺는 것에 두려움을 느끼기도 합니다. 내 욕구와 타인의 욕구가 부딪히는 일은 늘 발생합니다. 어려서부터 우리는 함께 사는 법을 훈련받아왔어요. 타인의 욕구도 배려해야 한다고 배웠죠. 서로의 욕구를 조화롭게 충족시키는 것은 늘 우리 삶의 중요한 과제입니다.

 그러나 타인의 욕구를 우선시하다 내 욕구를 뒷전으로 미룰 때가 종종 있어요. 여러 이유가 있겠지만, 갈등과 마찰을 지나치게 불편하다고 느끼면 무의식적으로 나의 욕구를 모르는 척하기도 합니다. 다른 사람과 부딪히는 게 두려워서요.

 이럴 때는 이렇게 생각하면 마음이 편해집니다. 어차피 우리는 계속 부딪힐 거라고요. '어떻게 안 부딪히지?'라고 고민하는 것보다 '어떻게 잘 부딪히지?'라는 고민이 현실적으로 훨씬 유용합니다. 잘 부딪히면 나뿐만 아니라 서로가 좋습니다. 상대방 입장에서는 자신의 욕구가 관철되지 못해도 다른 사람의 욕구를 부드럽게 전해 듣는 과정에서 자신이 배려받고 있음을, 자신을 비난하거나 판단하려는 의도가 없음을 느낍니다. 또한 그 사람이 솔직하게 자신의 욕구를 드러낸 것은 나에 대한 신뢰가 있기 때문이라는 것도 느낄 수 있죠. 이렇게 갈등 상황도 견딜 수 있는 관계라는 것을 서로 확인하면 새로운 관계의 지평이 열립니다.

내가 원하는 것을 양보하는 것만큼 내가 원하는 것을 잘 이야기하는 것도 매우 중요합니다. 좋은 마찰의 경험이 쌓이면 관계를 맺는 것이 좀 더 편안해질 거예요.

· · ·

최근 진행하던 일이 틀어질 위기에 처했어요. 이미 수십 번씩 엎어지고 멤버와 방식까지 바뀌면서 진행하던 프로젝트였죠. 서로의 입장을 확인하기 위해 주말 아침에 미팅을 잡았습니다. 미팅을 앞두고 산을 걷고 돌아와 쑥차에 뜨거운 물을 부어둔 채 잠시 숨을 고르게 쉬었어요. 많은 것들을 잃을 각오를 해야 한다고 제 안의 목소리가 저에게 말했습니다. 저의 스승인 진헌스님의 목소리를 듣고 싶어서 스님과 법문을 나누는 영상을 틀었습니다. 영상의 어느 구간에서 스님이 이런 질문을 던졌습니다.

"두려움과 함께할 수 있다면 어떻게 행동할 건가요?"

스님의 눈빛과 목소리가 화면을 뚫고 저에게 닿았어요. 그 순간, 저의 마음이 스르륵 차분히 가라앉았습니다.

'내가 이 상황을 두려워하고 있구나.'
이런 생각이 들자, 손끝과 발끝까지 피가 통하는 느낌이 들고 심장이 콩닥콩닥 뛰었어요. 두려움을 알아차리고 나서 정말 두려워하는 것이 무엇인지 스스로에게 물었어요. 동료와 친구를 잃을 것에 대한 두려움, 생계 수단을 잃을 것에 대한 두려움, 진실을 말하는 것에 대한 두려움, 그리고 진실을 마주하는 일에 대한 두려움이었죠. 이렇게 두려움에 대해 생각하니 두려움을 한 줌 덜어낼 수 있었어요. 그래서 저는 다 우려진 쑥차를 빈 찻잔에 따르고 다기를 다루듯이 마우스를 굴려 미팅 링크를 눌렀습니다.

미팅을 시작하고 단번에 눈에 들어온 것은 모두 부은 얼굴로 앉아 있다는 사실이었어요. 주말 아침 10시 30분이었죠. 우리는 적당히 느린 속도로 대화를 이어갔고 저는 경직된 제 얼굴이 제게는 보이지 않도록 창을 제거했습니다. 그제서야 그들과 함께 있는 듯했습니다. 처음 몇 번의 상호작용을 통해 '이게 끝은 아닐 것 같다'라는 예감이 들었어요. 다행이면서도, 아직은 잘 모르겠다고 생각했습니다.

 드디어 제가 발언할 차례가 왔습니다. 횡설수설하고 싶지 않았기에 미리 메모해둔 제 입장을 천천히 살펴보았어요. 상대방의 몇몇 의견은 일방적이고 부당할 뿐만 아니라 전달 방식도 적절치 못하게 느껴졌다고 이야기했어요. 괄호에 넣었던 상세한 저의 입장을 풀어내는 시간이었습니다. 조금도 꾸미거나 가리지 않은 솔직한 의견을 전하려고 했어요. 업무에 대한 것이었고, 파트너십에 대한 것이었으며, 늘 그렇듯 지극히 인간적인 감정에 대한 것이기도 했어요. 상대방이 한 실수도 감정에 얽혀 있었는데요, 그가 이것을 인정했기에 저도 이 부분을 이야기하려고 애썼습니다. 제가 말했다는 건 누군가 들었다는 거겠죠? 반대로도 마찬가지일 겁니다. 우리는 서로의 진실을 가만히 들어주었습니다. 회의를 시작할 때부터 우리 모두에게 나아가려는 의지가 있다는 것을 느꼈기에 이런 상황이 가능했을 거예요.

이야기의 마침표를 찍었을 때 제게 말하지 못한 진실이 거의 남아 있지 않았다는 것을 알았습니다. 때때로 쉬어가기도 했고, 목소리가 떨리기도 했으며, 이야기가 끊어지기도 했지만, 숨기거나 미사여구를 달지 않았어요. 두려웠지만 멈추지는 않았고 적당히 타협하지도 않았죠. 진실을 충분히 말한다는 것은 언제나 두렵고 숨통을 조이는 일이었어요. 하지만 두렵고 무섭더라도 함께하기 위해 꼭 필요한 일이라고 믿으면서 조금씩 더 저를 내몰았습니다. 문득 책에서 읽은 문구가 떠올랐어요.

'대립할 힘을 잃는 것은 유대할 힘을 잃는 것과도 같다.'

To lose the power of confrontation is to lose the power of unity.

– 매튜 맥커너히, 《그린라이트》, 아웃사이트

거절과 평가가 두렵다면

저는 타인에게 이상적인 모습만 보여주고 싶은 열망이 강한 사람입니다. 완벽주의자죠. 완벽주의자의 삶은 많은 좌절을 겪을 것이 예정되어 있습니다. 아무리 철두철미하게 챙겨도 늘 기대와는 다른 상황이 발생할 테니까요. 무엇보다 타인은 언제든지 제가 낸 결과물을(때로는 저 자신에 대해서까지도) 좋지 않게 평가할 수 있습니다. 그 평가는 결과물의 퀄리티에 대한 것이기도 하지만, 그날의 기분, 그 사람의 취향, 과거 경험 등 무수히 많은 요인에 영향을 받습니다. 그런데 완벽주의자인 저는 다시 이렇게 다짐합니다.

"다음에는 더 완벽하게 해야지. 내가 부족한 탓이니까."

그 안에는 거절에 대한 두려움도 있지만, 사랑받고 싶은 마음도 있습니다. 사실 무언가를 잘 해낸다고 사랑받는 것도 아닌데, '잘 해낸다'라는 전략을 쓰게 됩니다. 사랑을 받고 싶다면 적절한 대상을 찾아 "예쁘게 봐달라", "좋아해

달라"고 직접적으로 말하는 편이 도움될 때도 있잖아요. 귀여움을 어필한다고 할까요? 한 사람에게서 취약점이 보이면 그 인간적인 모습을 사랑하게 될 수도 있고요. 완벽주의자인 제가 사랑과 지지를 구하는 방식은 여러모로 성공적이지 않을 때가 많았습니다.

부정적인 피드백이나 거절을 피하기 위해 '잘해야 한다!'는 경직된 전략만 구사하고 있다면, 또는 계속해서 더 잘해야 한다는 압박감에 시달리고 있다면 나를 돌아볼 필요가 있습니다. 정말 내가 부족하다는 이유만으로 이런 평가를 받은 것이 맞는지, 스스로를 지켜내기 위한 전략이 정말 유효한지 다시 돌아보세요. 책잡히지 않도록 최선을 다함으로써 나를 지키려는 시도가 얼마나 효과적일까요?

빈틈없이 일하고, 관계에서 폐를 끼치지 않도록 노력하는 것은 나쁘지 않은 방어 전략이 될 수 있습니다. 나를 싫어하는 사람이 없도록 최선을 다하는 거니까요. 하지만 전혀 다른 방식으로, 나를 지켜낼 수도 있습니다.

'평가는 나의 일이 아니라 남의 일이다!'

이 사실을 분명하게 인정하고 나의 일에 집중하는 거예요. 더 잘 해내는 것 말고 나의 일이 또 뭐가 있을까요?

첫 번째는 내 입장을 들으려고 스스로 노력하고 인정해 주는 것입니다. 이왕이면 칭찬받고 싶은 마음이야 늘 있지만요. 외부 평가에 기대다보면 칭찬을 받으면 '잘한' 게 되고, 칭찬을 받지 못하면 '잘하지 못한' 게 됩니다. 하지만 칭찬이 그 일의 가치를 결정하지는 않아요. 정말 잘해도 아무도 알아봐주지 못할 때도 있고, 반대로 적당히 했는데 칭찬받을 때도 있죠. 너무나 기다려왔던 칭찬이라고 해도 기쁨은 잠깐인데요, 그 칭찬을 받으려고 애쓰는 시간은 끊임없이 이어집니다. 어떤 평가든 그 평가가 내려지는 데 내가 통제할 수 있는 부분은 한정적이잖아요.

칭찬을 받으면 받는 대로, 비난을 받으면 받는 대로 간절한 외줄타기가 시작되죠. 그 기막힌 외줄타기에 도전하는 자가 바로 완벽주의자입니다. 나쁜 평가를 받을 여지, 거절받을 가능성을 최대한 두지 않는 방식으로 자신을 보호합니다. '나는 기준이 높으니 완벽하게 해내는 거야!'라고 생각하지만, 그 안에는 외부 평가에 대한 두려움이 숨어 있을 가능성이 무척 높습니다.

　제가 처음 회사에 인턴 사원으로 입사했을 때 "왜 이렇게 써왔어요?"라는 부장님의 한마디에 멘탈이 와르르 무너져버린 날이 있었어요. 지금이라면 마음속으로 "내가 왜 이렇게 썼지?" 하고 스스로에게 물어보았을 텐데, 그때는 그 사람이 하는 말이 전부 맞다는 생각이 컸습니다. 그래서 이제까지 했던 노력이 모두 물거품이 되어버린 듯한 느낌을 받은 거죠. 지금이라면 반성할 부분은 반성하되 내 입장은 내 입장대로 분명하게 인정해주려고 할 거예요. 제 나름의 이유가 있었으니까요.

'내가 왜 이런 의사 결정을 했지?'
　이렇게 생각을 정리해본 다음에는 용기를 내서 제 입장을 이야기해볼 수도 있지 않았을까요? 물론 이제 갓 입사한 신입 사원이 이런 말을 직접 꺼내기는 꽤 어려우니 부장님 앞에서는 "네네, 다시 해보겠습니다"라고 말했을 겁니다. 하지만 나의 입장도 있다는 것을 확인했다면 그때만큼 큰 상처가 남지는 않았을 거예요.

내 입장이 분명하다면 마음이 쉽게 무너지지 않습니다. 내가 내 마음을 들어주고 내 입장에 귀 기울일 수 있다면 그 사람이 알아주는지의 여부는 그다음 문제가 됩니다. 때로는 '그럴 수 있지' 하는 마음의 여유도 생기고요. 내 입장에 귀 기울이면 거절과 평가에 면역이 생깁니다.

두 번째는 나의 무게를 낮춰보는 거에요. 하루는 지인으로부터 누가 나를 뒤에서 깎아내렸다는 이야기를 전해 들었습니다. 화가 부글부글 끓어오르고 '내가 뭐 잘못한 게 있나? 그게 그렇게나 욕할 일인가?' 하고 은근히 제 자신을 검열하면서 죄책감까지 올라왔습니다. 나를 깎아내리는데 당연히 화가 나겠죠? 그때 열 좀 식히라고 손을 내밀어주는 친구가 있다는 건 참 고마운 일입니다.

"잠깐 커피 마시고 올까?"

친구와 맛있는 커피 한잔하고 돌아오는 길에는 휘몰아치던 감정이 조금 수그러들었습니다. 문득 이런 생각이 들더라고요.

"욕 좀 먹으면 어때. 내가 뭐라고."

 길을 가다가 담배꽁초 버리는 사람을 보고 욕한 적도 있고 아무 이유 없이 누군가를 미워한 적도 있어요. 또한 상대방을 잘 모르는 채로 평가한 적도 무수히 많습니다. 저도 이렇게 해왔는데요, 타인도 마찬가지 아닐까요? 다른 사람 마음을 어떻게 다 통제할 수 있나요? 절대 불가능합니다. 이럴 때는 그냥 그 사람 몫으로 딱 정리해버리고 마는 겁니다. 그건 그 사람 문제니까요.

 '아, 이건 그 사람의 평가이고 그 사람 몫이구나!'

 이렇게 상황을 받아들이고 '나'의 무게를 확 낮춰보는 것도 좋은 방법입니다. 조금도 상처받고 싶지 않다, 조금도 오해받고 싶지 않다, 조금도 내가 낮춰지지 않았으면 좋겠다……. 결국 '나는 괜찮은 사람이다!'라는 느낌을 이어가려는 욕구를 멀리서 바라보는 것입니다.
"나도 내가 참 중요하구나. 그런데 어떤 한 사람에게 내가 높게 평가받아도, 또 낮게 평가받아도, 사실은 아무런 일도 일어나지 않는걸."

그 사람의 평가는 결국 그 사람의 것입니다. 그러니 "내가 뭐라고~"하며 훌훌 털어버리고 지금 이 순간에 집중해봅니다. 중요한 건 지금 이 순간이고 또 앞으로니까요.

Tool Kit
숨은 두려움 만나기

나는 무엇을 두려워하고 있나요? 불안이 보내는 시그널은 감지했지만 왜 찾아왔는지 잘 모르겠다면 그 속에 숨은 두려움을 만나보세요. 충분한 시간을 두고 써보기를 추천합니다.

Step 1. 지금 어떤 일을 해야 한다고 생각하면서 지내는 중인지, 그 일과 관련해 내가 어떤 책임을 갖고 있는지 떠올려보세요.

오늘, 이번 주, 이번 달, 올해 안에 '해야 하는 일'을 기간별로 나누어 적어보세요. 누구를 위한 일들이며, 가장 많이 등장하는 대상은 누구인가요?

내가 갖고 있는 책임은 무엇이며 자식, 보호자, 동반자, 관리자, 팀원, 친구, 지구인 등 어떤 역할로서의 책임인가요?

Step 2. 위의 항목에서 내가 써놓고도 의아하거나 직관적으로 눈에 들어오는 책임이 있나요? 그중에서 하나의 책임을 고르고 그에 대해 성찰해봅시다. 이 과정을 여러 번 반복해도 좋습니다.

요즘 내가 느끼는 불안과 연결되어 있는 과업 혹은 책임은 무엇인가요?

그것을 하지 않았을 때 벌어질 내가 상상하는 최악의 두려운 상황은 무엇인가요? 정말 그런 일이 벌어질까요? 벌어진다면 나는 어떻게 할 수 있을까요?

그동안 나를 지키는 일을 등한시해왔는지, 스스로를 지키면서 책임을 다할 다른 방법이 있는지 고민해보세요. 이 책임을 내려놓는다면 마음이 어떨 것 같나요?

Step 3. 지금까지 내가 쓴 답을 다시 읽으면서 느낀 점을 정리해봅시다.

내가 중요하게 생각해온 것이 정말로 중요한 것이 맞나요?

지금 내 마음은 어떤가요?

내가 이제껏 모르고 있었던 것은 무엇인가요?

불안을 동력으로 일할 때

옛날 만화에는 악당이 주인공을 다이너마이트와 함께 수레에 꽁꽁 묶고 나서 폭탄 꽁지에 불을 탁 붙이는 장면이 나오곤 합니다. 그러면 수레가 로켓처럼 발사되어 어디론가 날아가버리죠. 불안해하면서 일하는 것은 내가 내 손으로 나를 묶은 후 다이너마이트 꽁지에 불을 붙이는 것과 비슷합니다. 불안은 참 파워풀한 엔진이죠.

혹시 불안을 동력 삼아 스스로를 몰아붙이며 일하고 있지는 않나요? 불안이 우리를 어디론가 나아가게 하는 것은 사실입니다. 그래서 불안이 '어떻게' 우리를 나아가게 하는지를 좀 더 면밀히 살펴보아야 합니다.

나아가는 방식, 즉 동기는 사용 방식에 따라 다음 두 가지로 분류할 수 있습니다. 하나는 원하는 것을 얻기 위해 특정 대상이나 목표에 가까워지려는 '접근 동기', 다른 하나는 두려운 상황이나 싫어하는 것을 피하려고 하는 '회피 동기'입니다.

원하는 것을 얻기 위해(접근 동기) 일할 수도 있고, 두려운 상황을 피하고 싶어서(회피 동기) 일할 수도 있습니다. 불안하다는 건 내가 마주하고 싶지 않은 두려움을 가슴에 품고 있다는 의미죠. 불안해서 어떤 행동을 한다면 '회피 동기' 때문일 거라고 추정할 수 있어요.

"왜 일해?"라는 질문을 받으면 뭐라고 답하시나요? "대출 이자도 못 내고 길거리에 나앉으면 안 되니까 일해"라고 답변할 수도 있고, "이 일을 통해 함께 일하는 방법을 배우고 싶어서 일해" 또는 "다른 사람들이 내가 겪었던 어려움을 덜 겪도록 돕고 싶어서 일해"라고 말할 수도 있겠죠? 전자는 회피 동기이고 후자는 접근 동기예요. 어느 쪽이든 겉으로는 비슷하게 일하고 있지만, 동기의 사용 방식이 다르므로 일에 대해서 느끼는 감정은 굉장히 다를 겁니다. 에너지가 소진되는 속도도 마찬가지고요. 자, 그러면 여러분은 어떤 동기로 일하고 있나요?

사실 대부분의 일에는 접근 동기와 회피 동기가 나란히 공존합니다. 그런데 회피 동기에 더 자주 집중하다보면 애초에 내가 이 일을 왜 하기로 했는지에 대한 접근 동기는 점점 묻혀버리는 경우가 많아요. 동기의 사용 방식은 쉽게 습관이 되기도 하고 주변 사람들의 동기 사용 방식에 따라 영향을 받기도 해요. 그러니까 "나는 왜 이 일을 하고 있지?", "나는 무엇을 원하길래 이 일을 하는 걸까?" 하고 접근 동기에 좀 더 집중할 필요가 있습니다.

회피 동기를 사용할 때 우리가 가장 흔하게 떠올리는 최악의 상황은 '밥도 못 먹고 살면 안 되니까!'가 아닐까요. 바로 '돈 문제'죠. 우리는 지나치게 많은 문제를 돈 문제로 단순화하는 경향이 있어요. "돈 때문에 해야 해", "경제적으로 불안해서 어쩔 수 없어"라는 답변이 관성적으로 입에서 튀어나온다면 회피 동기를 사용하고 있다고 볼 수 있습니다.

우리가 흔히 돈 문제(먹고사니즘)로 여기는 것들이 실제로는 그렇지 않다는 것을 알기까지는 그렇게 오랜 시간이 걸리지 않습니다. 수업 중 한 분이 외주나 사이드 프로젝트에 참여해야 할 것만 같은 압박을 느낀다고 말했어요. 그러자 옆에 계신 분은 자신은 이미 그렇게 살고 있다고 답했죠. 그 돈을 어디에 쓰기 위해 더 일하는 것이냐고 물으니 그건 잘 모르겠다고 답했습니다. 어디에 쓸지 알 수는 없지만, 언젠가를 위해 벌어놓아야 할 것 같은 막연한 '느낌'에 '불안'이라는 이름을 붙여주면 어떨까요?

내가 상상하는 경제적 어려움이 다소 극단적이라는 것을 인지하게 되면 이제껏 '불안'이라는 연료를 사용해왔다는 것을 받아들일 수 있습니다. 마치 누군가가 아파트 15층까지 기어올라와 내 방에 들어올 수도 있다는 두려움에 창문을 열지 못하는 것과 비슷한 불안이죠. 이런 불안 때문에 이유도, 방향도 모른 채로 끌려가는 듯한 느낌을 받습니다. 이러한 두려움이 비합리적이라는 것을 알면서도 나는 여전히 그 일을 하려고 할까요? 여전히 그 일을 하고 싶다면 나는 그 일을 왜 하고 있던 것일까요?

현재 자신이 하는 일과 자기 삶의 의미가 구만리쯤 멀리

떨어져 있다고 고백한 수강생이 있었습니다.

"저는 사실 회사 일에는 관심이 없어요. 그런데 반려견을 오랫동안 키우면서 동물권에 대한 관심이 점점 깊어졌어요. 동물권이 훼손되는 문제를 보면 손이 바들바들 떨리고 뭐라도 해야 할 것 같은 마음이 들어요. 그래서 언젠가는 그런 일을 하고 싶어요."

그때 저는 그분께 이렇게 여쭤봤습니다. "지금 자리에서 할 수 있는 방법은 없을까요? 지금 하는 일은 아무 관계가 없는 걸까요?"라고요.

수년이 흐르고 보니, 그분은 다양한 생명체와 상생하는 지구인 문화를 만들겠다는 염원을 발견하고 동물권 보호 활동가로서 앞장서고 있더라고요. 여전히 본인의 특기를 살려 회사를 다니면서요. 자기 삶의 의미를 분명하게 정리하기 전까지는 회사에 다니기 힘들어하셨는데요. 자신의 염원을 파악하고 나니 회사에 다녀야 할 이유가 분명해져서 마음이 편안해졌다고 합니다. 활동가로 계속 살아가기 위해서, 그리고 책임지기로 한 강아지들을 돌보기 위해서 회사에 계속 다니기로 결정했다고 했습니다. 진정한 염원이 꼭 돈을 버는 일에서 100% 채워져야 하는 것은 아닙니다. 각자 저마다의 방식이 있을 수도 있거든요.

· · ·

 번아웃은 단순히 과도하게 일해서 찾아오는 게 아닙니다. 누구나 자신이 정말로 바라는, 진정한 염원이 있는데요. 이러한 염원은 끊임없이 솟아나는 샘물처럼 계속해서 에너지를 가져다줍니다. 유대, 자유, 친밀감, 아름다움 등 삶의 의미가 되어주는 핵심 동기는 상황이 달라져도, 외부에서 나를 인정해주지 않아도 지속되는 내재적 보상이거든요. 다시 말해서 번아웃은 내가 하는 '일'과 끊임없이 연료가 솟아나는 샘이 연결되어 있지 않다는 의미입니다. 잠시 폭발적인 힘을 빌려주는 회피 동기를 계속해서 쓰면 완전히 소진되어버릴 가능성이 높습니다. 다이너마이트에 불을 붙이고 날아갈 때까지는 참 좋았는데요, 바닥에 곤두박질치면 무조건 아플 수밖에요.

 저도 일을 손에서 놓고 회복에만 1년 가까이 전념한 적이 있습니다. 두통을 동반한 목과 허리 통증 때문에 한 시간도 앉아 있기 어려웠어요. 그때는 몸이 아프다고 생각했는데 돌이켜보면 마음이 아팠습니다. 하고 싶지 않고 할 수도 없는 업무를 끌어안고 있으면서 그 사실을 인정하지 못했어요. '이 일을 계속할 수 있을까?' 하는 의구심 속에서 계속 해도 된다는 누군가의 허락이나 희망을 얻고자 용을 썼어요. 다른 선택지가 있다는 생각조차 못한 것이죠. 어쩌면 그것은 마음이 아프다는 신호였던 것 같아요.

체중계 위에 오르면 몸무게가 숫자로 나타나듯이 마음의 성장도 겉으로 드러나면 참 좋을 텐데요. 마음이 좋아졌다는 것은 어떻게 알 수 있을까요? 1년의 회복 기간 동안 스스로를 관찰하면서, 두 가지 지표를 통해서 마음이 좋아졌는지 체크할 수 있다는 걸 알았습니다.

첫 번째는 '몸의 건강 신호'입니다. 컨디션 회복이 더디고, 미팅 중에 줌아웃이 되듯이 멍해지고, 자꾸 한숨을 쉬게 되거나 숨이 갑갑하다면, 사람들과의 대화에 끼거나 웃는 것조차 힘겹게 느껴진다면 내 마음에 주의를 기울여야 한다는 신호입니다. 몸이 건강하다고 해서 마음이 건강한 건 아닐 수 있지만, 마음이 건강해지면 몸으로 분명하게 드러납니다. 저는 미묘하게 소화가 더 잘 되고, 잠이 잘 오고, 활력이 생기고, 혈색이 전반적으로 나아지고, 숨

쉬는 게 편해졌어요. 이런 작지만 분명한 변화를 통해 마음이 좋아지고 있다는 걸 알 수 있었어요.

두 번째는 '일과 삶에서의 성과'였어요. 인간적으로도, 일하는 사람으로서도 정체되는 듯한 느낌이 들 때가 있죠. 불안에 끌려 계획하느라 업무 실행이 더디고, 일보다는 동료와의 관계 문제에 매몰되어 있거나, 집중력과 기억력이 떨어져서 예전에 하루면 하던 것을 며칠 내내 해결하지 못한다면 내 마음을 돌볼 때입니다. 잠시 멈추라고 신호를 보내고 있는 거예요. 마음이 건강해지면서 내가 하고 싶은 일들이 진전되는 게 눈에 보였습니다. 일에 집중이 잘 되는 것은 둘째 치더라도, 해야 할 일과 하지 않아도 되는 일을 구분하는 것이 수월해졌어요. 불안과 무기력으로 소진되던 에너지가 줄어들면서 나의 속도를 되찾아가고 있음을 체감했습니다.

내가 지금 일을 할 수 있는 상태인가요? 더 좋은 동기를 찾고, 열심히 하고자 노력하기 전에 내가 지금 일할 수 있는 상태인지부터 체크해보세요.

Chapter 03

내 마음을 읽는 연습

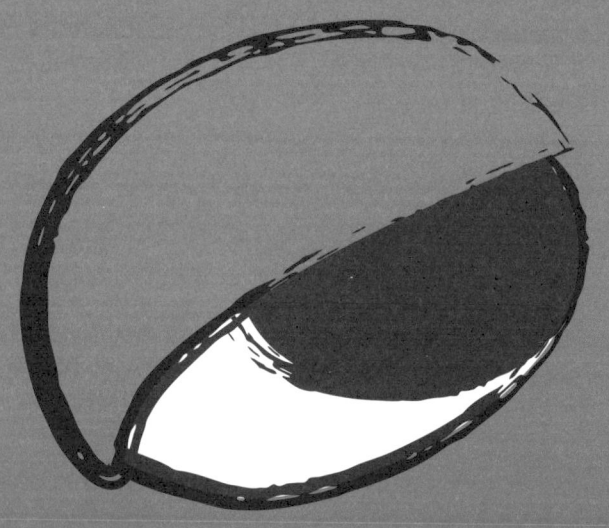

복잡한 마음을 선명하게 바로 읽는 마음챙김

집만 나서면 시트콤을
찍는 친구가 하나
있습니다. 덥석
계약해버린
가게에는 전
임차인이 무당이라
곳곳에 섬뜩한 부적이
붙어 있었고, 강아지랑 산책을 나갔는데
웬 까치가 자꾸 따라와 날갯짓을 하는
등 다른 사람들은 평생 살면서 한 번
겪기도 힘든 일을 온통 겪고 있답니다.
불운하다고 여겨질 만한 상황도
그 친구가 이야기하면 유쾌하게
느껴졌습니다. 유쾌한 상황이 자꾸
생기는 것인 줄로만 알았는데,
그 친구가 삶을 요리하는 방식이
유쾌하고 재밌다는 것을 깨닫게 되었죠.

우리 모두는 각자 자기 삶의 요리사입니다.
삶에 찾아오는 여러 가지 상황은 마치
재료와도 같습니다. 같은 상황을
맞닥뜨려도 사람마다 각자의 사고
방식이나 과거의 경험, 감정 등 내면의
조건에 따라 독특하게
받아들이는 것은 경험이
객관적이거나
절대적이지 않다는
것을 보여줍니다.
이번 장에서는
이제까지 내가 어떻게
여러 상황을
요리해왔는지 회고하고, 현재 나의 삶을
어떻게 요리하고 있는지 잘 살펴보기로
해요.

Chapter 03
Point

(1) 마음챙김을 통해 나에 대한 선명한 데이터를 수집해봅니다.

(2) 내 안의 생각, 감각, 감정을 있는 그대로 관찰해봅니다.

(3) 경험의 형성 과정을 이해하고 주체적으로 해석해봅니다.

마음의 해상도 높이기

 누군가가 '공부는 세상에 대한 해상도를 높이는 과정'이라고 하더군요. 공부를 하는 이유는 '시험을 잘 보거나 자격을 갖추기 위해서가 아니라 내가 살아가는 이 세상을 좀 더 또렷하게 보기 위해서구나!' 하는 생각에 그 말이 깊이 와닿았습니다. 그게 어떤 공부든간에요. 최재천 교수님이 저서와 강연에서 늘 강조하는 말씀이 있습니다.

"알면 사랑한다."

 알면 다르게 대응하게 되고, 사랑하게 되고, 엉덩이를 움직여서 행동하게 되더라고요. 마음챙김도 마찬가지입니다. 마음챙김은 나에 대한 데이터를 깨끗하게 자주 수집함으로써 나에 대한 해상도를 높이는 작업입니다. 이제부터 우리는 '마음챙김'이라는 도구를 통해 나 자신을 더 선명하게 알아차리고, 감정과 생각을 있는 그대로 바라보는 연습을 해볼 거예요. 나를 알면 나를 다르게 대하게 되고, 변화하기 위해 노력하게 되며, 사랑하게 됩니다. 이 모든 것이 같은 이치입니다.

내 마음의 데이터베이스

마음챙김의 정의는 학자나 수행자마다 조금씩 해석이 다르지만, 저는 마음챙김과 명상을 분리해서 설명하고 있습니다. 아래 정의는 30여 년 전부터 심리학과 명상을 접목해온 덕성여대 심리학과 김정호 교수님의 견해를 따릅니다.

마음챙김=마음 보기(메타주의, 92쪽 참고)
명상=마음 쉬기(감각에 주의를 온전히 두기)

마음챙김 명상은 붓다의 수행법에 근간을 둡니다. 수행

법에 대한 경전인 대념처경에는 '안팎으로' 마음챙김한다는 말이 쓰여 있습니다. 또한 안으로 마음챙김과 밖으로 마음챙김을 구분하는 것이 옳다는 시각도 있습니다. '안으로 마음챙김'은 나의 내면에서 일어나는 일을 바라보는 것이고, '밖으로 마음챙김'은 밖에서 나를 보듯이 바라보는 것입니다.

'이런 생각이 있음을 안다', '이런 욕구가 있음을 안다' '커피를 마실 때 커피의 온도와 향기를 알면서 마신다' 이러한 것이 안으로 마음챙김입니다. 밖으로 마음챙김은 '내가 앉아 있구나', '호흡을 하고 있구나', '커피를 마시고 있구나' 하고 나를 아는 겁니다.

숨을 느끼는 호흡 명상에서 코를 스치는 호흡의 감각을 느끼고 있음을 안다면 안으로 마음챙김입니다. 그리고 '내 몸이 숨 쉬고 있구나!' 하고 외부에서 나를 바라보듯이 마음챙김한다면 밖으로 마음챙김입니다. 설거지하면서 손의 느낌을 안다면 안으로 마음챙김이고, 내가 설거지하고 있다는 것을 안다면 밖으로 마음챙김입니다. 이 두 가지 방향의 마음챙김은 한쪽으로 치우치지 않고 균형 있게 그 순간을 인지하도록 도움을 줍니다.

 우리가 연습하는 것은 주로 '안으로 마음챙김'입니다. 틈틈이 밖에서 나를 바라보듯이 밖으로 마음챙김을 해보아도 좋겠습니다.

• • •

 안으로 마음챙김을 연습해보기 위해, 내가 일할 때 어떤 타입인지 떠올려볼까요? 시작부터 끝까지 기세 좋게 쭉 이어가는 편인가요? 아니면 마무리 짓기를 어려워하는 사람인가요? 잘 모르겠다면 지금 되돌아봐도 좋아요.

 내가 어느 타입에 가까운지 답했다면 거기에는 어떤 '데이터'가 있었을 거예요. 내가 그 데이터를 의미 있게 해석했을 거고요. 기세 좋게 일을 시작했거나 일을 잘 끝내지 못한 기억이 있었을 겁니다. 내 안에 경험을 통해 축적된 데이터베이스가 있어서 이를 토대로 나름의 결론을 내린 것이죠. 나에 대한 정보를 취합하고 거기에 '의미'라는 꼬리표를 붙이면 나에 대한 앎이 됩니다. 소위 말하는 '메타인지'입니다.

메타인지를 잘하기 위해서는 질 좋은, 많은 양의 데이터가 필요하다는 생각이 들지 않나요? 데이터 수집기가 필요한데, 그것이 바로 마음챙김입니다. 마음챙김은 나에 대한 메타인지로 가기 전 단계인 '메타주의'를 개발합니다. 내가 어디에 마음을 쏟고 있는지, 어디에 주의를 두고 있는지를 순간순간 바라보는 연습입니다. 일상 속에서 나에 대한 깨끗한 데이터를 수집하는 활동인 것이죠.

마음챙김은 어디에 마음을 쏟고 있는지 틈틈이 자각하는 것이기에 가급적 일상생활 속에서 자주, 그리고 틈틈이 수행하는 것이 중요합니다. 누군가는 오늘 하루 동안 나에 대한 데이터를 한 번 수집할 수도 있지만, 마음챙김이 습관화된 사람은 데이터를 200번 수집할 수도 있죠. 나에 대한 데이터가 하루 1개인 사람은 1년 동안 365개의 데이터를 수집할 수 있어요. 반면 하루 200번 데이터를 쌓은 사람은 1년이면 73,000개의 데이터를 쌓습니다. 누가 더 정확하고 선명하게 나를 이해할 수 있을까요? 다양한 삶의 맥락에서 깨끗한 데이터를 자주 수집하면 나에 대해 의미 있는 패턴을 더욱 잘 찾아낼 수 있습니다.

몰라서 변화하지 못한다

내가 어떻게 하고 있는지 아는 것 자체가 변화의 핵심입니다. 우리는 대부분 몰라서, 못 느껴서, 스스로 인지되지 않아서 변화하지 못합니다.

개인적으로 요가할 때 참 운동이 안 되는 부위가 있었는데요, 바로 날개뼈입니다. 날개뼈 사이를 좁히는 것은 라운드 숄더를 펴고 어깨의 안정성을 강화하는 데 도움을 주므로 종종 등장하는 큐잉입니다. 그런데 처음에는 자꾸 앞 갈비뼈가 벌어지고, 등 중간을 오므려서 팔 사이를 좁히게 되더라고요. 날개뼈가 어디에 붙어 있는지, 날개뼈 사이 부위가 어디인지 느끼기가 어려웠습니다. 날개뼈와 날개뼈 사이 등의 감각을 인지하지 못하니 그 부위의 운동을 제대로 수행할 수 없었어요. 이 상태로 계속 날개뼈 운동을 하는 건 별 도움이 되지 않더라고요. 그래서 날개뼈를 인지하는 것부터 먼저 연습해보기로 했습니다.

- **볼 마사지하기:** 마사지볼을 사용하여 날개뼈 주변을

부드럽게 마사지하면서 날개뼈의 위치와 주변 근육을 느껴보았어요.

• 날개뼈의 움직임을 담은 영상 보기: 시각적으로 날개뼈가 어디에 위치해 있고 어떻게 움직이는지를 영상으로 관찰하면서 그 시각적 이미지를 바탕으로 움직임을 상상해보았어요.

• 날개뼈의 위치 확인하기: 거울을 사용하여 날개뼈와 그 주변 근육의 위치를 확인해보았습니다. 거울을 보면서 날개뼈의 위치와 형태를 인식하고 익힐 수 있었어요.

• 의식적으로 주의 집중하기: 눈을 감고 날개뼈와 그 주변을 감각적으로 느끼는 연습을 했어요.

인지를 강화하는 방법은 매우 다양합니다. 이게 '운동이야?' 싶을 수도 있는데요, 이렇게 날개뼈에 대해 인지하고 나니 날개뼈 주변부의 근육이 적절하게 개입되는 것이 느껴졌습니다. 확실히 운동이 달라졌고요. 제 수준에서는 날개뼈를 마사지볼로 부드럽게 풀어내고 날개뼈의 움직임을 담은 영상을 보는 게 가장 효과적인 날개뼈 운동이었던 거죠.

인지는 운동의 일부입니다. 운동이 일어나는 것을 좀 더 자세히 쪼개어 살펴보면 '자극-감각신경-중추신경-운동신경-근육 활성화' 순서로 나타납니다. 우리가 눈으로 관찰하는 '운동'은 '지각-인지' 과정 이후에 놓이지만, 사실은 지각에서부터 시작된 모든 과정이 '운동'입니다.

야구 방망이를 휘두르는 장면을 떠올려봅시다. 눈으로 보기에는 팔, 몸통, 다리 근육의 움직임으로 나타납니다. 하지만 눈에 보이는 움직임이 나타나기 전에 지각 과정과 인지 과정이 먼저 놓입니다. 공이 시야에 나타나면 뇌는 시각적인 자극을 받아들이고 공의 속도, 방향, 거리 등을 계산하여 '공이 날아오는구나!'라고 이해합니다. 그리고 이러한 정보를 기반으로 방망이를 휘두르는 적절한 명령이 생성되는 거죠. 그러면 뇌에서 내려온 명령에 따라 근육이 수축하면서 방망이를 시원하게 휘두르게 됩니다.

어떤 움직임이든 마찬가지입니다. 요가 선생님이 "엉덩이 근육에 힘을 줘서 다리를 들어올리세요!"라고 지시하면 우리는 먼저 그 지시를 이해하고 엉덩이 근육의 위치와 상태를 인지합니다. 그런 다음, 뇌가 엉덩이 근육을 수

축하라고 명령하면 신경 신호가 전달되어 엉덩이 근육이 활성화되면서 다리를 들어올리게 되는 겁니다.

자꾸 눈에 보이는 액션에 집중하게 되고 꿀팁 같은 액션 플랜을 묻게 되는 것은 마음 운동에서도 똑같아요. 보여지는 '운동'만 전부처럼 느껴집니다. 이를테면 매일 같은 시간에 특정 행동을 하라는 식의 팁, 마그네슘과 비타민 B를 먹으라는 팁은 참 매력적입니다. 분명함과 명쾌함이 주는 기쁨만큼 위안이 되는 것도 없죠.

하지만 바른 인지 없이는 제대로 된 운동이 일어나지 않습니다. 마음 운동의 80%는 인지 강화입니다. 눈에 보이는 '액션'보다 인지가 우선해야 합니다. 운동의 과정 안에 인지가 포함되고 인지가 달라지면 운동이 원활하게 일어납니다. 편안하고 행복한 마음으로 살아가고 싶은데 달라지지 않는다면, 내 마음이 어떻게 작동하는지 인지하지 못하기 때문일 가능성이 높아요. 그리고 인지하지 못하기에 동기부여가 되지 않고 어떤 부분이 달라져야 하는지 정확한 방향을 찾기 어려운 거예요.

심리적인 문제에서는 본인이 호소하는 이슈와 실제 집중해야 할 이슈가 일치하는 경우가 드뭅니다. 다시 말해서 무엇이 문제인지 인지되지 않는 것이 문제인 거죠. 내담자는 "잠을 못잔다", "사람들이 나를 미워한다"고 하면서 문제를 토로합니다. 실제로는 잠을 못 자고, 사람들이 나를 미워하는 것(혹은 미워한다는 생각을 갖고 살아가는 것)은 갖고 있는 여러 심리적 특징이 표면으로 드러나는 일종의 '증상'입니다. 그러므로 수면제를 처방받는 방식만으로는, 그리고 사람들이 나를 사랑하게 하는 화술을 연마하는 것만으로는 근본적인 문제를 해결하기 어렵습니다.

하루는 줌으로 수업하는데 저희 집 강아지가 아주 크게 "왕왕" 하고 짖었습니다. 명상에 집중하고 있는 상황에서 예기치 않은 큰소리로 회원들을 놀라게 한 게 많이 죄송스러웠습니다. 명상을 마치고 죄송한 마음을 내비쳤더니 한 멤버가 이렇게 말씀하셨습니다.

"강아지가 수업 시간 동안 방에 있는 게 너무 힘들었나 봐요. 제가 더 미안하네요."

수업이 끝나면 보통 멤버별로 간단하게 수업에서 나온 이야기를 리뷰하면서 나중에 안내할 내용을 적어두곤 합니다. 수업을 마치고 그분이 미안할 일이 아닌 상황에서 미안함을 표현하신 것을 기록지의 모퉁이에 적어두었습니다. 그날 그분은 자신이 리더 역할을 제대로 다하지 못하는 것에 대한 스트레스가 무척 크다며 눈물을 내비쳤어요. 타인의 몫을 지나치게 책임지고 감당하려는 마음이 자신을 괴롭게 하고, 그게 결과적으로 주변 동료들을 힘들게 하고 있었던 거예요. 강아지를 염려하는 고운 마음씨에서 그의 마음 습관이 나타났던 겁니다. 그에게는 건강한 경계를 짓는 연습이 필요해 보였습니다.

'나는 이 상황에서 강아지에게 미안함을 느끼고 있구나. 나는 미안함을 표현하고 싶구나' 하고 그 순간 알아차리는 것이 마음챙김입니다. 마음챙김은 거리를 두고 내 마음에 일어나는 사건을 바라보게 합니다. 나는 오로지 '나'로만 살아가므로 내가 어떤 독특한 사고 방식을 갖고 있는지 알기 어렵습니다. 몸도 마찬가지죠. 내 오른쪽 갈비뼈가 옆으로 들려 있고, 주로 오른쪽으로 숨을 쉬며, 오른쪽 골반이 위로 올라가 있고, 왼쪽 엉덩이 근육을 잘 쓰지 못한다는 것을 인지하기는 쉽지 않습니다. 그래서 인지에는 훈련이 필요합니다.

변화하고 싶은데 변화되지 않을 때면 '내가 게을러서 그런 거야!' 하고 빠르게 단정지어버리곤 합니다. 정말 그럴까요? 변화하기 위한 노력 자체가 부족한 게 아닙니다. '액션'이 부족한 게 아닙니다. 제대로 인지하면 이미 달라져 있습니다. 그래서 정확하게 인지하는 연습을 해야 합니다. 정확한 방향으로 노력하는 것이 필요합니다. 마음챙김은 내 마음에 대한 인지를 강화하는 연습입니다.

있는 그대로 바라보기

 마음챙김은 지식이 아니어서 연습하지 않으면 알 수 없어요. 요리와 비슷합니다. 세상의 모든 요리책을 다 보면 요리를 잘할 수 있나요? 기술은 자신이 직접 연마하지 않으면 늘지 않습니다. 머리로만 아는 건 진정으로 안다고 할 수 없어요. 자, 그런 의미에서 잠시 직접 내 마음을 연습해볼게요. 지금 이 순간의 내 마음을 일시 정지했다고 가정해봅시다. 마음이 무엇으로 채워져 있는지, 나의 주의가 어디를 향하고 있는지 살펴볼까요?

 내가 무엇에 주의를 기울이고 있는지 잠시 알아차려보세요. 주의는 외부로 향해 있었나요, 내부로 향해 있었나요? 얼마나 외부로 향해 있었고, 얼마나 내부로 향해 있었나요? 이를테면 강의 내용에 집중하고 있었거나, 저 사람의 고운 눈썹을 보고 있었거나, 시끄러운 소리에 귀 기울이고 있었다면 주의의 많은 부분이 외부를 향해 있었던 거죠. 혹은 아까 있었던 일에 대한 생각에 빠져 있었거나, 몸의 가려움에 집중하고 있었거나, 우울하거나 불안한 느낌에 빠져 있었다면 주의가 내부를 향해 있었던 셈입니다. 여러분의 주의는 몇 퍼센트나 내부를 향해 있었나요?

많은 경우 내가 무엇에 주의를 기울이는지 모르고 살아가곤 합니다. 강의를 듣고 있지만 강의 내용에 10%도 집중하고 있지 않다는 것을 그 순간에는 모릅니다. 한숨을 쉬면서도 한숨 쉬는 줄 모르고, 내가 핸드폰으로 불필요한 정보를 검색하고 있다는 것도 거의 인지하지 못하곤 해요. 요가 수업에서 왼쪽 다리를 떼고 서 있으면서도 내 오른쪽 엉덩이에 힘이 들어가 있는지 모릅니다. 자동적인 것이니까요. 걸으면서도 내가 걷고 있는지, 어떻게 걷고 있는지 잘 모릅니다. 시기심이 발동해서 타인을 깎아내리는 말을 하면서도 내 안에 시기심이 올라왔다는 것을 모릅니다. 심장이 뛰고, 다리를 떨며, 한껏 불안감이 올라오는데도 내가 불안하다는 사실을 모릅니다. 뜬금없이 떠오른 과거의 기억 때문에 마음이 복잡해져도 마음이 무엇 때문에 복잡해지는지 모릅니다. 허리가 아픈데도 허리가 아픈지 모릅니다. 이렇게 모르고 지나칠 때가 많습니다. 자, 그러면 이제부터 내가 어디에 주의를 기울이고 무엇을 하는지 아는 순간의 빈도를 높여봅시다. 마음챙김의 빈도를 늘리고 마음챙김의 해상도를 높여가는 겁니다.

평가와 판단도 그저 바라보기

주의를 어디에 기울이고 있는지 아는 것만큼, 주의를 기울이는 태도 역시 중요합니다. 특히 끈적이게 주의해서는 안 됩니다. "저거저거 또 저런 쓸데없는 생각에 빠져 있네!"와 같은 반응은 내가 주의를 어디에 두고 있는지 바라보는 것이 아니죠. (그렇게 보이긴 합니다.) 평가와 판단, 약간의 원망이 섞여 있으므로 이것은 마음챙김이 아닙니다. 이런 식의 마음챙김은 오염된 데이터를 만들어내는데요, 마음챙김할 때의 주의는 뽀송해야 합니다. 다시 말해서 마음챙김할 때는 판단이나 평가, 감정이 섞여서는 안 됩니다. 판단, 평가, 원망스러운 감정까지도 그저 바라보는 거예요. 마음챙김이 아니지만 착각하기 쉬운 예시를 몇 가지 더 살펴볼게요.

"또 우울에 빠졌네."

판단과 감정 섞인 알아차림은 카메라 렌즈가 지저분한 상태로 사진을 찍는 것과 같아요. 깨끗한 데이터를 수집하려면 '우울에 빠졌다는 것에 대해 자책감이 드는구나!' 하고 그 자체를 있는 그대로 바라보아야 합니다.

"짜증 나요. 이런 상황은 정말 짜증 날 만하지 않나요?"

누구라도 알아주었으면 해서 마음의 불순물을 버리듯이 쏟아내는 것은 마음챙김이 아닙니다. 함께 마음챙김 연습을 하다보면 누군가 내 마음을 보아주고 있다는 생각에 감정 쓰레기통을 사용하듯이 마음챙김하게 될 때가 있습니다. 이런 경우에는 '누군가 내 마음을 알아주었으면 하는 동기가 일어나는구나!' 하고 마음챙김하면 됩니다.

완벽주의 내려놓기

　아까 내 마음을 일시 정지해두자고 했죠? 왜냐하면 '지금 이 순간'이라고 하자마자 그 순간이 과거가 되기 때문입니다. 지금도 시간이 흐르고 있네요. 주의가 향하는 곳이 매순간 조금씩 변하는 것을 이미 느꼈을 수도 있습니다. 그렇다면 마음챙김 연습을 잘하고 있는 거예요. 다만 이렇게 마음챙김적 주의를 말이나 글로 연습하다보면 종종 '완벽'이라는 함정에 빠지곤 합니다. 마음을 들여다보려고 살피는 동안 내 주의가 여기저기로 흐르면 어떤 것도 마음챙김할 수 없다고 느끼기도 합니다. 하지만 우리는 '완벽한 마음챙김'을 연습하는 것이 아닙니다.

　원래 마음챙김은 매순간 머릿속으로 하는 것이 이상적입니다. 하지만 처음에는 쓰거나 말하면서 연습하면 개념을 분명하게 익히고 수많은 생각에 휩쓸리지 않는 데 도움을 받을 수 있습니다. 쓰거나 말하는 도중에 내 주의가 향하는 곳이 달라지기도 합니다. 사실 이것은 매우 자연스러운 일입니다. 너무 '완벽한' 마음챙김적 주의를 연습해야 한다는 강박감을 내려놓아도 좋습니다.

완벽하게 운전을 잘하고 완벽하게 요리를 잘할 수 있나요? '충분히 잘한다'거나 '완벽에 가깝다'는 정도는 있을 수 있지만 '완벽'은 없죠. 그리고 아주 완벽할 필요도 없습니다. 100% 완벽한 상태를 추구할 필요가 없다는 것을 깊이 받아들일 필요가 있어요. 단지 좀 더 많은 순간에 마음챙김을 하고, 마음챙김적 주의의 질적 향상을 목표로 걸어갈 뿐입니다.

내가 어디에 주의를 기울이고 있는지 누구나 1% 정도는 인지합니다. '나이기 때문'에 아주 미미하다고 해도요. 질적인 향상이란, 1% 정도 의식하면서 마음챙김하던 것을 2%, 3%, 5%로 올리는 것이죠. 컴퓨터처럼 0 아니면 1만 있는 것이 아닙니다. 그 사이에는 0.13이나 0.43도 있고 0.9도 있습니다.

'완벽한' 마음챙김을 해야 한다는 거창한 포부는 잠깐 내려놓을까요? '그냥 해본다' 또는 '일단 해본다' 정도의 마음가짐이 좋습니다. 처음에는 의식적인 노력을 많이 기울여야 할 수도 있고 마음챙김의 내용이 얼렁뚱땅일 수도 있어요. '이게 맞나?' 이런 의구심까지 들 수 있어요. 어쨌든 이러한 의구심에 주의를 기울이고 있음을 알면 되고 의구심이 일어나는 것을 마음챙김하면 됩니다.

마음의 해상도가 높지 않으면 내 마음이 흐릿하게 보이기도 하고 처음에는 인지할 수 있는 것이 별로 없기도 합니다. 하지만 다양한 심리 지식을 습득하면서 마음챙김을 생활화하면 대부분의 일상생활에 자동으로 마음챙김 스위치가 켜져 있는 상태가 됩니다. 물론 이때도 100%는 아니지만요. 지금 이 순간에 깨어 있는 상태를 지향하면서 하루하루 연습해나가는 것입니다.

나는 내 삶의 요리사

 같은 상황에서 스트레스를 더 잘 받는 사람이 있다는 것은 '경험이 일방적으로 주어지는 것이 아니라 만들어진다'는 의미입니다. 우리는 사람이 '객관적' 상황을 일방적으로 경험한다고 생각하는 경우가 많습니다. 스트레스를 받는 상황이 따로 있다고 믿기도 하죠. 실제로는 상황과 자기 내면의 독특한 안조건이 결합해서 경험이 만들어집니다. 우리는 매순간 적극적으로 경험을 만들어내면서 살아가고 있어요. 조금 어렵다고요? 예를 들어보겠습니다.

 이번에 승진한다고 가정해봅시다. 회사에서 지난 프로젝트에 대한 성과를 인정받아서 더 많은 책임과 역할이 있는 직급으로 승진하게 되었습니다. 페이도 당연히 더 올라갔고요. 올라간 자리가 너무 부담스럽지는 않지만,

그렇다고 만만한 자리도 아닙니다. 내게 적당한 권한과 책임, 보상이 주어지는 자리라고 할 때 이 승진이 나에게는 어떤 의미이고 어떤 경험일까요?

 승진인데 당연히 좋은 것일까요? 정말 그럴까요? 이 질문에 대한 답변은 천차만별입니다. 누군가는 "한참 기다려온 승진이라 눈물 나게 반갑고 기쁘다!"라고 말하지만, "아, 절대 그것만은……!"이라고 말하는 분도 있어요. 이를테면 적당하게 일하고 적당하게 벌면서 삶의 기쁨을 수영과 러닝에서 얻는 분이라면 어떨까요? 높은 직급과 높은 페이가 약속하는 삶이 내가 기대하는 삶이 아닐 수 있습니다. 리더의 위치가 자신이 빛날 수 있는 자리가 아니라고 생각하는 분도 있을 수 있고요. 좋은 게 모두에게 똑같이 좋은 것은 아닙니다. 우리는 각자 독특한 욕구와 기대를 가지고 삽니다. 같은 상황이 전혀 다른 경험이 될 수 있는 이유는 우리 각자가 매우 다른 사람이기 때문입니다. 이렇게 우리 모두는 서로 다른 내적 조건, 즉 안조건을 갖고 살고 있습니다.

 하루가 끝날 때 오늘 계획한 일 10개 중 8개를 완수했다면 어떤가요? 10개의 업무는 비중이 거의 비슷하다고 가정해봅시다. 어떤 상황으로 느껴지나요? 어떤 분은 남은 2개에 자연스럽게 시선이 가서 완수한 8개가 그다지 큰 의미로 다가오지 않는다고 합니다. 또 다른 분은 10개 중 8개면 '그날은 대박 친 날'이라 하시고요. 누군가에게는 굉장히 뿌듯하고 행복한 상황이 누군가에게는 똑같은 조건이어도 전혀 다른 경험이 됩니다.

안조건×밖조건=경험

내가 나라서 잘 모르지만, 저마다 각자 독특한 안조건을 갖고 있습니다. 다시 말해서 기쁠 만한 상황, 슬플 만한 상황, 화가 날 만한 상황이 따로 있는 것이 아닙니다. 무엇을 중요하게 여기는지, 과거에 어떤 경험을 했고 어떤 트라우마가 있는지, 어떤 사고 방식을 갖고 있는지, 어떤 기분을 자주 느끼는지 등등 각자의 안조건에 따라서 같은 일이어도 기쁜 경험이 되기도 하고, 화나는 경험이 되기도 하며, 슬픈 경험이 되기도 합니다.

일반적으로 힘든 상황이 생기면 그 상황을 분석하는 데 오랜 시간을 보냅니다. 누군가를 탓하고, 잘잘못을 따지며, 어떻게 해결할 것인가에 골몰하죠. 이러한 외부 상황을 분석하려는 노력의 10%라도 나의 안조건을 들여다보는 데 투자할 필요가 있습니다. 나의 어떤 면이 이 상황을 기쁘게 받아들이게 하는지, 나의 어떤 부분이 이 상황을 슬프고 힘들게 하는지를 아는 거죠.

 강렬한 정서를 동반하는 경험은 보통 내 안조건에 대해 많은 것을 알려줍니다. 내가 무엇을 원하는지, 그것을 얼마나 원하는지, 내가 이 상황을 어떻게 바라보고 있는지를요. 나의 독특한 안조건을 알게 되면 힘든 일을 더 힘들게 만드는 나의 습관을 명확하게 인지하고 스스로를 고통에서 구할 수도 있어요. 나를 진정으로 기쁘게 하는 순간을 일상 속에 자주 만들 수도 있고요. 또한 나의 안조건을 최대한 배제한 채 상황을 명확하고 객관적으로 바라보며 더 현명하게 의사를 결정할 수도 있답니다. 물론 나의 안조건을 들여다보는 것만으로 모든 상황이 해결되지는 않습니다. 하지만 상황에 대한 해결책을 찾으려면 먼저 나에 대해 정확하게 파악하는 것이 중요해요.

한 번 더 강조하자면 무조건 좋은 상황이나 무조건 나쁜 상황은 없습니다. 이렇게 생각해보면 어떨까요? 상황(밖조건)은 재료이고 내면의 안조건은 요리법이라고요. 아무리 맛있는 제철 재료(상황)가 있어도 놀랍도록 맛없는 요리가 탄생할 수 있잖아요? 너무너무 기뻐할 만한 상황이 막상 나에게는 하나도 안 기쁠 수 있는 것처럼요. 반면 마늘, 고추, 면, 소금처럼 정말 간단한 재료만으로도 누군가는 황홀한 음식을 만들 수 있습니다. 매일 가는 공원에서 걷는 걸음걸음에서 온 지구와의 연결을 경험할 수도 있어요. 이처럼 경험은 나를 '찾아오는 것'이 아니라 내가 적극적으로 '요리하는 것'입니다.

Tool Kit

나의 안조건은?

경험은 '밖조건'과 '안조건'의 상호작용으로 형성된다는 개념을 구체적 상황에 적용해봅시다. 주어진 상황에 대한 나의 느낌을 적으며 나를 들여다보세요.

상황 1) 승진을 하게 됐다.

상황 2) 최고급 마사지기를 선물받았다.

상황 3) 계획한 일 10개 중 8개를 완수했다.

생각 · 감각 · 감정 다루기

 마음챙김은 기술이라, 머리로만 아는 것은 마음챙김을 전혀 모르는 것과 같다고 했어요. 하지만 그렇다고 해서 공부가 필요 없는 것은 아닙니다. '마음챙김'이라는 기술을 잘 익히려면 마음에 대한 지식이 필요합니다. 지식도 지식만으로는 온전하지 않죠. 결국 경험과 함께 가야만 하는 관계입니다. 공부를 통해 지식을 얻으면 '마음챙김'이라는 기술로 쌓은 깨끗한 데이터를 바로 읽을 수 있는 눈이 생깁니다. 나에 대한 중요한 통찰을 얻게 되죠. 통찰을 바탕으로 앞으로 어떻게 다르게 대처해나가야 할지 방향성을 바로잡을 수 있습니다.

 내가 '내 삶의 요리사'라고 했죠? 좋은 요리사가 되려면 내가 어떤 재료를 어떻게 요리하고 있는지 아는 것이 중요합니다. 한 접시에 담을 수 있는 음식의 양이 정해져 있는 것처럼 마음도 마찬가지예요. 하루에도 수많은 정보와 경험을 받아들이지만 한 번에 감당할 수 있는 양이 정해져 있죠. 이것을 '마음의 접시'라고 부릅니다. 이 시간에는 마음의 접시 위에 올라가는 재료들이 무엇인지 살펴보고 더 잘 다룰 수 있는 방법을 배워볼 거예요.

마음을 이루는 재료들

마음의 접시 위에는 여러 가지 재료가 올라갑니다. 이들 재료에는 생각도 있고요, 감각, 감정, 욕구(동기)뿐만 아니라 행동도 있어요. 이 중에서도 생각과 감각, 감정에 집중해 이야기해보려고 합니다.

1) 생각

지금 무슨 생각하고 있나요? 대답하기가 어렵지 않죠? 그게 바로 생각입니다. 우리는 살아가야 하므로 언제든지 자동으로 '생각'이라는 도구를 활용합니다. '생각하는' 방법에 대해서는 오랜 기간에 걸쳐 배워오기도 했습니다. 하지만 정작 생각 자체, 생각의 속성, 생각을 다루는 방법에 대해서는 잘 알지 못합니다.

 인스타그램을 예로 들어볼까요? 우리는 인스타그램에서 어떤 사진과 글이 더 많은 반응을 얻을지 고민합니다. 그러나 인스타그램이 어떤 방식으로 작동하는지, 어떤 플랫폼인지, 사람들이 여기서 무엇을 원하고 어떤 동기로 사진과 글을 올리는지는 고민하지 않죠. 사실 더 많이 반응이 오는 사진과 글을 올리려면 인스타그램을 다루기 위한 리터러시가 필요한데도 말입니다. 미디어 리터러시가 낮은 70대 이상 어르신들은 곰팡이를 확실하게 잡아주는 제품인데 너무 좋았다는 마케팅 콘텐츠를 보고 덜컥 구매하시기도 합니다. 이분들은 마케팅인 줄 모르셨던 거죠. 인스타그램이 어떤 플랫폼이고, 어떻게 사용하는 것이 현명한지 고민하는 과정을 거친다면 인스타그램을 원하는 방식으로 유용하게 쓸 수 있을 겁니다. 이 문장을 생각으로 바꿔도 똑같습니다. '어떻게 잘 생각할까?'를 고민하기에 앞서 생각의 속성이 무엇인지, 생각이 어떻게 작동하는지, 어떻게 생각을 사용하는 것이 현명한지를 공부하고 성찰하는 시간이 필요합니다.

 이제까지 친숙하게 여겨왔던 생각을 조금 다른 시선에서 바라볼까요? 생각을 표현할 때 만화에서는 어떻게 그리나요? 주로 말풍선을 사용합니다. 작은 동그라미와 조금 큰 동그라미를 그리고 구름 같은 말풍선을 그리면 우리는 '아, 이 사람이 생각을 하고 있구나' 하고 압니다. 그리고 말풍선 속에는 '말'이 들어갑니다. 생각은 일반적으로 말, 즉 언어를 갖는 경우가 많기 때문이죠.

 '가지덮밥 먹고 싶다.'
 '저 사람은 왜 저래?'
 '이런 방식으로 접근하는 게 더 효율적일 것 같은데.'

 이렇게 우리가 의식하는 모든 말이 바로 생각입니다. 생각을 줄줄이 쓸 수도 있어요. 하지만 언어를 갖지 않는 생각도 있습니다. 도형이나 심상으로 생각할 수도 있으니까요. 특이한 모양의 도형을 머릿속에서 이리저리 굴려서 테트리스처럼 끼워넣기를 해볼 수도 있고요. 내가 존경하는 사람의 인자한 미소가 문득 머릿속에 지나가기도 하고요. 지난여름 바다 위에 둥둥 떠다니면서 하늘을 봤던 장면이 선명하게 다시 떠오르기도 합니다. 또한 생각이 언어를 갖추기 전에 슬쩍 지나가버리기도 하고요. 이와 같이 생각의 형태는 매우 다채롭습니다.

생각은 내가 만들어내기도 하지만, 나를 찾아오기도 합니다. 무슨 말이냐고요? 제가 어떤 사람을 만났는데 '생강 같다!'는 생각이 들었습니다. 이 생각은 제가 굳이 만들어낸 건 아니었어요. 그냥 문득 이런 생각이 저를 찾아온 겁니다. 사실 왜 이런 생뚱맞은 생각이 들었는지 저도 잘 모르겠습니다. 그분은 전혀 생강처럼 생기지 않았거든요.

반면 내가 직접 써내는 생각도 있습니다. 이를테면 '왜 그런 생각을 했지?' '어떻게 다르게 할 수 있었지?' 하고 되묻는 과정에서 생각이 꼬리에 꼬리를 물고 이어지는 경우죠. 자리에 앉아 어떤 이야기를 써내려가듯이 생각을 만들어내고 있는 것입니다. 하루에도 아주 많은 생각이 저를 찾아옵니다. 그리고 또 많은 생각을 제가 직접 써내려갑니다. 써내려가는 것은 제 의도가 개입된 일이므로 약간의 연습을 통해 그만할 수 있는데요, 이것은 결국

제 몫입니다.

그런데 생각이 찾아오는 것 자체는 제가 막을 수 있는 게 아닙니다. 생각이 저를 찾아온 것을 어쩌겠어요? 어느 날 바람처럼 찾아온 생각의 내용에 너무 당황할 필요도, 과도하게 책임지려고 할 필요도 없습니다. 다만 그것을 분명히 이해할 필요는 있습니다.

・・・

지적으로 이해하고, 추론하고, 고찰하는 것은 생각을 잘 다루는 방법 중 하나입니다. 그러나 생각을 다루는 전혀 다른 방법도 있어요. 바로 생각을 생각으로 인지하고 내려놓는 겁니다. 생각을 내려놓는 것에 대해 알려드리면 꽤 생소하게 느끼는 분들이 많습니다.

'생각을 내려놓는다고? 생각을 내려놓으면 어쩌나!'

생각과 내가 동기화되어 있었던 만큼 생각을 내려놓는 것이 생소하고, 어렵고, 무엇보다 당혹스러울 겁니다. 심지어 생각을 내려놓는 경험을 하고 나서도 그 평안하고

고요한 상태를 어떻게 받아들여야 할지 모르겠다고 하시는 분들도 종종 만났어요. 생각을 내려놓는 경험이 드물면 생각이 없는 상태를 두려워하기도 합니다. 그러나 두려워할 필요가 없습니다. 생각을 자연스럽게 내려놓은 경험은 우리 삶에서 이미 수없이 많이 있었습니다. 과연 언제일까요? 가을날 문을 열고 집을 나섰는데 시원한 바람이 온몸을 훑고 지나갈 때, 공원에서 하늘을 보며 누워 있을 때, 찬란하게 피어난 벚꽃들이 휘날리는 장면을 볼 때, 커리집에 들어가 마음을 어루만지는 듯한 신비로운 향에 취할 때, 한겨울 따뜻한 온돌바닥 위에 앉아 보드라운 울양말을 신을 때……. 이렇게 자연스럽게 감각에 주의를 집중할 때 생각을 내려놓을 수 있습니다.

경험으로 잘 알다시피 생각 중에는 굉장히 쓸모없는 것들도 있어요. 사실은 쓸모없는 생각이 훨씬 많습니다. 매연처럼 뿜어져 나오는, 논리정연하게 보이지만 왜곡되어 있는 생각요. 이런 생각은 우리가 처한 상황을 또렷하게 바라보고 객관적으로 이해하는 데 오히려 큰 걸림돌이 됩니다. 이때는 더 잘 생각하기 위해 생각을 내려놓아야 합니다. 그리고 생각에서 자유로워지는 힘을 키워야 합니다.

마음챙김은 생각을 '보는' 연습이고 명상은 생각을 '내려놓는' 연습입니다. 마음챙김과 명상은 둘 다 생각을 다르게 다루는 방법입니다. 마음챙김을 연습하다보면 처음에 가장 분명하게 인지되고 친숙하게 다가오는 것이 바로 생각입니다. 마음챙김을 머리로 공부할 때는 어떤 생각을 하고 살아가는지 이미 잘 알고 있다는 느낌이 들기도 하죠. 하지만 신기하게도 마음챙김을 직접 하다보면 이런 확신이 온데간데없이 사라져버립니다. 우리가 인지하는 생각보다 인지하지 못하는 생각이 훨씬 더 많다는 것을 알게 되죠. 생각이 달라지지 않는 것도 그것을 생각으로 인지하지 못하기 때문일 때가 많습니다.

2) 감각

여기서 말하는 감각은 '느낌'입니다. 즉 몸의 느낌을 말합니다. 촉각, 청각, 미각, 시각, 후각은 모두 감각입니다. 차갑고, 뜨겁고, 건조하고, 촉촉하고, 쿡쿡 쑤시고, 보들보들한 것은 촉각입니다. 촉각은 굉장히 다양해서 명상의 도구로 유용합니다. 감각 명상의 한 종류인 바디스캔은 몸의 각 부위를 느끼는 연습인데요, 처음에는 얼굴이나 어깨처럼 평소에 자주 관심을 두던 부위 외에는 아무

것도 느끼지 못하는 경우가 많습니다. 통증만 잔뜩 느끼거나요. 그만큼 몸을 통해 느끼는 것은 참 익숙하지 않습니다. 하지만 시간이 지날수록 강렬한 통증 외에도 작고 미세한 감각, 이를테면 잘 느껴본 적 없는 횡격막의 움직임 같은 것이 섬세하게 느껴지기도 합니다.

감각의 예민도는 사람마다 큰 차이가 있어요. 똑같이 1 정도의 자극이 주어져도, 예민한 사람은 5로 느끼지만 상대적으로 둔한 사람은 0.5로 느낄 수 있습니다. 감각이 예민한 것을 단점으로 여기는 분위기도 있는데요, 사실 감각이 예민한 것은 어떻게 감각을 다루는지에 따라 장점이 될 수도 있습니다. '감각적이다'라는 표현도 어떻게 보면 '어떤 감각에 굉장히 예민하고 날이 서 있다'는 의미입니다. 감각에 예민하니까 이질적이면서도 매력적인 리듬과 선율을 쓸 수 있고, 옷을 만들 때도 아주 섬세한 곳까지 살펴보면서 만들 수 있죠. 감각을 느끼지 못하면 제대로 '운동'할 수 없다는 것도 앞에서 배웠습니다. 이를테면 제왕절개로 아이를 분만한 산모 중 많은 분이 한동안 복부에 힘을 주는 것을 어려워합니다. 복부의 감각이 잘 회복되지 않으면 힘을 제대로 쓰기가 어렵기 때문입니다. 이와 같이 잘 느낀다는 것은 빠르게 대응하고 조절할 수 있다는 의미이기도 합니다.

또한 사람에 따라 좀 더 예민한 감각이 따로 있을 수도 있어요. 어떤 분은 소리에 민감해서 숨에 집중하는 호흡명상을 하면 자꾸 숨 감각보다 소리 감각에 주의가 집중되어 힘들다고 합니다. 이럴 때는 일부러 소리에 주의를 기울이면서 명상하기도 해요. 또 어떤 분은 시각에 굉장히 예민해서 색깔이나 형태 등을 가만히 관찰하는 시간이 엄청난 힐링이라고도 합니다. 그래서 그만큼 집중해야 할 일이 있을 때는 시각 자극을 차단한다고도 합니다. 이렇게 감각에 관심을 가지다보면 내가 어떤 감각에 유독 민감한 사람인지 발견할 수 있습니다.

애니메이션 〈소울〉을 보셨나요? 아직 태어나지 않은 영혼과 지구에서 생명으로 태어난 인간의 차이를 신체 감각의 유무로 표현했더군요. 태어나지 못한 영혼이 갑자기 인간의 몸에 들어가고 나서 처음에 제일 힘들고 낯설어하는 것도, 나중에 가장 황홀해하는 것도 몸의 이런저런 감각이었습니다. 이것은 영화의 설정이지만 일리가 있습니다. 의식에 대한 연구를 살펴보면 몸의 감각을 느끼는 것은 '나'라는 주체감에 굉장히 큰 기여를 한다고 합니다. '나'라는 존재의 느낌이 대단한 곳에서 오는 게 아니라 내 몸의 감각을 느끼는 데서 온다는 거죠. 예를 들어 내가 내 손바닥과 발바닥을 못 느낀다면, 지금 이 순간 숨 쉬고 있는 것을 못 느낀다면, 엉덩이가 바닥에 닿아 있다는 것을 못 느낀다면 내가 여기에 있다는 것을 어떻게 알 수 있을까요? 그리고 '나'인 것을 어떻게 느낄 수 있을까요?

그래서 내가 내 몸에서 너무 멀어지면, 일상 속에서 내 몸의 감각을 느끼는 순간이 너무 줄어들면 '나'라는 개인이 지워지는 듯한 느낌을 받나봅니다. 마치 내가 내 삶의 운전석에 타고 있지 못하는 느낌도 들고요. 그러니 내 몸의 느낌과 좀 더 친해져보면 좋겠습니다.

3) 감정
감정은 '마음'이라고도, '정서'라고도 합니다. 하지만 가장 일반적으로 사용하는 말은 '기분'인 것 같아요.

"기분이 어떠세요?"

이런 질문을 받으면 어떤 대답이 떠오르나요? 슬프다, 화난다, 우울하다, 기쁘다, 평화롭다, 설렌다, 억울하다, 비참하다, 지루하다와 같은 것들이 모두 감정입니다.

 감정은 생각에서 오는 게 아니라 신체 감각에서 촉발된다고 보고 있습니다. (물론 생각으로 더 강하게 촉발되거나 차츰 가라앉는 경우도 있어요.) 어떤 자극(이 자극은 외부적이면서 실질적인 자극일 수도 있고 생각 같은 내부적인 자극일 수도 있어요)이 발생하면 우리 뇌가 이 자극을 빠르게 평가하고 그에 따라 몸의 감각이 촉발되는데요, 우리가 그 감각을 감정으로 경험한다는 이론이 지금으로서는 가장 일반적입니다. 쉽게 펼쳐보자면 '감각에 대한 반응'이 감정이라는 거죠. 여기서 감정은 감각과 함께 온다는 사실을 기억해야 합니다.

 그래서 감정을 감각으로 느껴보는 연습은 무척 유용한 방법입니다. 내가 느끼는 이 감정에 이름표를 달기도 전에 몸에 어떤 느낌이 올라왔을 겁니다. 그래서 이러한 사실 자체에 놀라워하기도 합니다. 내 몸에 느낌이 있다고? 편안한 감정에는 편안한 감각이, 불편한 감정에는 불편한 감각이 함께합니다. 위장이 불편하게 콕콕 쑤시는 느낌이

나 전반적으로 상기되는 느낌, 손발의 끝까지 피가 도는 듯한 느낌, 아주 얇은 파자마 원피스 사이로 바람이 휭 하고 지나가는 듯한 개운하고 시원한 느낌처럼요.

 내 몸에는 '늘' 감각이 있습니다. 너무 많은 감각 자극이 있어서 일부러 관심을 두지 않으면 잘 인지하지 못합니다. 다시 말해서 이제껏 관심을 두지 않아 몰랐을 뿐 감각이 없었던 것이 아닙니다. 감각의 장점은 감정보다 분명하고 쉽게 포착할 수 있다는 거예요. 그래서 감정을 감각으로 느끼는 연습을 하다보면 훨씬 쉽게 주의를 지속할 수 있어요. 시시각각 달라지는 감정도 감각을 통해 어렵지 않게 느낄 수 있답니다.

 감정은 매우 모호하고 두루뭉술한 면이 있습니다. 감정은 0 또는 1이 아니거든요. 100% 불안하거나 100% 우울한 감정이 있을까요? 불안 안에도, 우울 안에도 수백, 수천, 수만 가지의 감정이 있을 수 있어요. 그래서 조금 어렵게 느껴질 수도 있습니다.

 "이게 불안일까, 조급함일까?"

"이게 우울일까, 걱정스러움일까?"

또 감정은 영문 없이 불쑥 올라와 나를 압도했다가 휙 하고 가버리곤 합니다. 감정 표현이 서툴거나 감정에 대해 잘 인지하지 못하는 경우에는 슬픈 상황인데 '화가 난다'고 표현하기도 하고, 화가 난 상황에서 '슬프다'고 표현하기도 해요. 불안을 불안으로 느끼지 못하는 경우도 많습니다.

감정은 친해지는 데 시간과 노력이 걸리는 친구입니다. 감정에 '언어'를 붙여주는 것은 감정을 완화하는 데 확실하게 도움이 되는 방법 중 하나입니다. 감정을 알아차리고 표현하는 것이 낯설다면 부록에서 제공하는 '감정 사전'을 참고해 연습해보세요. 어떤 감정이 느껴지면 '감정 사전'을 들춰서 감정 표현을 찾아봅니다. 정확한 감정 표현을 찾으면 감정이 완화되고 누그러지는 느낌을 받을 겁니다. 좋은 감정이라면 때로는 더 좋게 느껴지기도 하고요. 이렇게 일종의 피드백 사이클을 만드는 겁니다.

감정 표현은 굉장히 다양합니다. 다양한 감정을 인지한

후 좀 더 분명하게 느끼고 표현을 찾는 연습을 해보세요. 여러 가지 감정 상태를 분별할 수 있을 거예요. 이렇게 감정 표현을 붙여주는 것만으로도 감정을 완화하는 데 도움을 받을 수 있어요.

불안을 감각으로 느껴보기

'불안을 마음챙김한다'는 것은 불안할 때 내 몸에서 어떤 느낌, 어떤 감각이 일어나는지 아는 것을 말합니다. 불안할 때는 대체로 몸에서 어떤 일이 일어나는지 살펴보는 데 시간을 사용하지 못합니다. 대신 핸드폰을 하거나, 걷거나, 먹거나, 일을 더 많이 하거나, 친구를 만나거나, 여행을 가거나 등등 의식적으로든 무의식적으로든 오히려 몸의 감각을 느끼지 않기 위해 다른 활동을 찾게 됩니다. 이런 활동은 일시적으로는 긴장 완화에 도움이 되지만, 결국 불안과 만나지 못한 상태이므로 불안이 계속 커져갈 수 있습니다.

불안할 때 몸에서 어떤 감각이 일어나는지 살펴본 적이 있나요? 저는 안절부절못하면서 입술을 깨물어요. 그러다 어느 날은 입술에 피가 나기도 하고, 손발이 차가워지면서 두 어깨가 잔뜩 긴장되기도 하고 긴장된 어깨의 힘을 풀려고 해도 잘 풀어지지 않아요. 근거 없는 걱정과 생각이 쏟아지면서 두통이 심해지고 눈알이 빠져나올 것처럼 아프기도 합니다. 숨도 짧고 얕아요. 자꾸만 무언가 적고 계획을 세우려는 충동이 일어납니다. 이런 충동 때문에 몸은 피곤한데 잠이 잘 오지 않아요.

"불안하면 가슴이 쿵쾅쿵쾅 뛰고 손발에 피가 안 통해서 차가워집니다. 이렇게 몸이 어떤지 알고 나면 그다음은 뭔가요?"

이런 질문이 자연스럽게 두둥실 떠오르네요. 마음챙김은 단순히 아는 것에 그치지는 않습니다. 새가 한쪽 날개로만 날 수 없듯이 마음챙김의 두 날개는 '알아차림'과 '받아들임'입니다. 해석이나 평가 같은 생각을 내려놓고 실제 경험 자체를 알아차리는 거예요. 그런 다음 이것을 수용하는 거죠.

"받아들이고 수용한다는 것을 몰라서 안 하는 게 아닌

데요?"

 맞아요! 받아들여야 한다는 것을 머리로는 아는데 실제로는 실천이 잘 안 되죠. 마음챙김은 억지로 하거나, 참거나, 견디는 것과 거리가 멀어요. 사실은 완전히 그 반대죠. 억지로 받아들일 필요도 없고 받아들여야 한다는 생각 때문에 불안을 참거나 견뎌야 하는 것도 아닙니다. 앞으로 단계별로 안전하게 불안에 다가서면서 불안을 받아들이는 연습을 해볼 거예요.

1) 감정에 이름 붙이기 - 객관화
 저의 동료 지언 님은 이름 붙이기 선수예요. 산책길에 만난 꽃의 이름을 거의 다 알고 있을 뿐만 아니라 이름 없는 들풀에 이름을 지어주기도 해요. 작명소라도 하나 차려야 할 정도로 이름을 잘 짓습니다. 그런데 신기하게도 지언 님이 그렇게 이름을 지어주면 다음 산책길에 그 들풀이 눈에 보여요.

 알리움, 프렌치라벤더, 튤립, 리시안셔스, 델피니움, 대왕참나무, 은행나무 등등 지언 님 덕분에 저도 아는 꽃과

풀 이름이 많아졌어요. 이름을 알게 되니 그 꽃을 한 번 더 들여다보게 되고 더 알고 싶어졌어요. 이 꽃은 다른 꽃과 어떤 다른 매력이 있는지 살펴보게 되고 이 꽃만의 아름다움을 찾게 되더라고요.

'이건 불안이구나.'
'이건 두려움이구나.'
'이건 기쁨이구나.'
'이건 설렘이구나.'

이렇게 감정을 인식하면 마음에 공간이 생기기 시작합니다. 감정에 이름을 붙일 때 꽃에 이름을 붙이듯이 약간의 부드러운 어조를 더해보세요.

2) 감정을 감각으로 느끼기

감정은 정신적, 신체적 요소를 모두 갖고 있어요. 연구 결과에 따르면 감정에 따라 활성화되는 신체 부위가 다르다고 해요. 혐오감은 목과 내장 기관에서, 슬픔은 가슴 한가운데에서 감각이 활성화된다고 합니다. 감정을 잘 조절하기 위해서는 우선 신체적으로 느껴지는 감각을 아는 것이 매우 중요합니다.

생각은 너무 빠르게 움직여서 다루기가 힘들지만, 몸의 감각은 생각에 비해 느려서 신체적 변화를 알아차리기가 비교적 쉬워요. 감정이 올라오면 신체에 어떤 변화가 생기고 몸의 어느 부위에서 그 감정이 일어나고 있는지 알아차리는 연습을 해보세요. 지금 가장 도드라지는 감정은 무엇인지 이름을 붙여보고 그 감정이 몸에서 어떻게 나타나고 있는지 느껴봅니다. 부록에서 제공하는 '감각 사전'의 다양한 표현을 활용해 다음과 같이 기록해보세요.

ex) 불만감
몸이 무겁다, 머리가 어지럽다, 가슴이 조이는 느낌이 든다, 몸 전체에 열감이 돈다

처음에는 잘 적지 못할 수도 있고요, 아무것도 느껴지지 않을 수도 있어요. 이럴 때는 어떤 감각을 찾아내려고 하기보다 '무감각함'이라고 써보세요. 무감각도 감각의 일종입니다. 그리고 무감각함을 직접 느껴보세요. 조급해하지 않고 기다리면 천천히 감각이 느껴지기도 합니다.

3) 감각을 허용하는 연습하기

감정에 이름을 붙이고 몸에서 일어나는 감각으로 느껴보았는데요, 이 감각을 허용하는 연습을 해보겠습니다. 부정적인 감정은 허용하기 어렵지만 감각은 비교적 수월해요. 불안감을 수용하기는 어려워도 가슴 중앙의 무거운 느낌이 잠시 머물 수 있도록 허용하는 것은 좀 낫습니다. 몸을 터치하는 것은 생각보다 큰 도움이 돼요. 불안감 때문에 가슴 중앙이 무겁게 느껴진다면 두 손을 포개어 가슴 중앙에 올려두어도 좋고, 머리가 지끈거린다면 두 손으로 머리를 부드럽게 감싸보아도 좋습니다. 몸에서 발견되는 힘겨운 감정을 따뜻한 담요로 감싸안은 것처럼요.

감각을 변화시키려는 마음을 잠시 내려놓고 위로하는 마음을 내어보세요. "이렇게 가슴 중앙이 답답하고 압박감이 느껴질 만큼 불안했구나. 그랬구나. 그만큼 힘들었구나" 하고요. 그런 다음, 그 부위에 있는 긴장이나 힘을 풀어보세요. 몸을 살짝 움직이면서 그 부위를 부드럽게 만들어봅니다. 할 수 있는 만큼만 해보세요. 반드시 모든 긴장을 풀어야 하는 건 아닙니다. 힘겨운 감정으로부터 비롯되는 몸의 불편한 감각을 허용하고 두 손을 올려 위로를 전해보세요.

 감각은 그 순간에는 계속 지속되는 것처럼 보이지만 반드시 사라집니다. 물을 마시거나 손을 씻고 온 후 방금 전까지 몸에 있던 그 불편한 감각이 어떻게 변화했는지 살펴보세요. 여전히 계속 불편할 수도 있지만, 그 강도나 크기는 달라졌을 거예요. 물론 불편함이 더 커질 수도 있지만, 하루이틀이 지나면 결국에는 사라집니다. 이렇듯 감각이 일시적이고 영원하지 않다는 것을 경험하면 감각마다 일일이 반응할 필요가 없다는 사실을 알게 됩니다. 반응할 때마다 더 큰 감각이 계속 만들어지니까요. 단지 이렇게 감각을 알아보고 있는 그대로 느끼면서 함께 있다보면 감각이 스르르 완화됩니다. 아무것도 하지 않는 것처럼 보여도 나에게 가장 좋은 것을 내어주고 있는 순간이랍니다.

내 마음의 접시

나는 지금 무엇에 주의를 두고 있나요?

우리는 주의를 두어야 경험할 수 있어요. 마음의 접시는 내 주의 공간입니다. 마음의 접시 바깥쪽에도 많은 음식이 있지만, 접시 위에 오른 것만 먹을 수 있어요.

꽤 높은 평행봉 위에서 한 발로 선다고 상상해봅시다. 그 순간에는 딛고 있는 발바닥에 온 주의가 가 있을 거예요. 이렇게 마음의 접시에도 발과 몸 전체의 감각으로 꽉 채워져 있는 그림을 그려볼 수 있습니다. 아침에 배우자와 별것 아닌 일로 말다툼하고 아침 회의에 들어와 있는 상황이라고 가정해봅시다. 동료의 보고를 듣는 데 주의가 일부만 가 있고, 절반 정도는 아까의 말다툼에 대한 생각과 억울한 감정이 채워져 있을 수 있습니다.

자, 일단 내 마음을 일시 정지해볼까요? 어떤 생각, 어떤 감각, 어떤 감정이 내 마음을 어떤 비중으로 채우고 있는지 바라보는 연습을 해보겠습니다. 지금 이 순간 내 마음의 접시가 어떻게 채워져 있는지 살펴보고 그림으로 그려봅시다. 이때 생각, 감각, 감정을 꼭 하나씩 구분해서 찾을 필요는 없어요. 때로는 어떤 생각이, 때로는 어떤 감각이, 때로는 어떤 감정이 마음을 가득 채우고 있을 수도 있습니다. 예를 들어, 내가 원하는 걸 너무 쉽게 얻는 상대와 나를 비교하게 되는 순간을 한번 표현해볼까요?

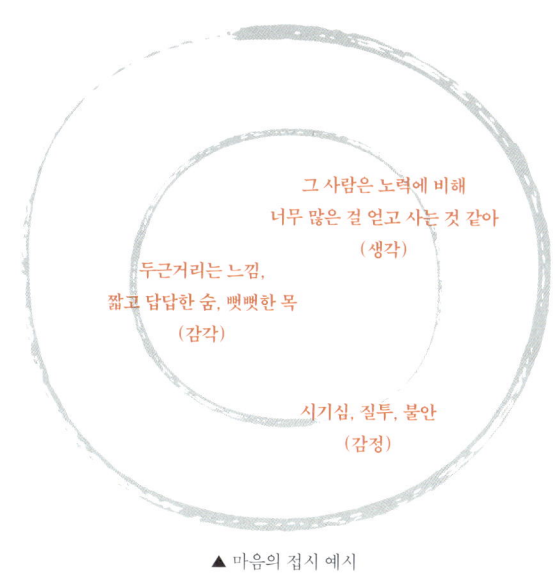

▲ 마음의 접시 예시

같은 상황이어도 사람마다 안조건이 다르므로 여러분은 다르게 느낄 수도 있을 거예요. 하지만 지금 내 안에 어떤 생각, 감각, 감정이 자리하고 있는지 평가하거나 바꾸려 하지 말고 있는 그대로 바라보는 것이 중요합니다.

 마음챙김을 하다보면 특히 초기에 예민해지거나 짜증스러워지는 구간을 지나게 됩니다. 보이지 않던 것들이 보이기 때문이죠. 그렇다고 해서 원래 없었던 것이 마음챙김하면서 더 나타나는 것은 아닙니다. 희미하던 것이 좀 더 명시적으로 드러나고 인지되기 시작한 거죠. 저는 어릴 때 눈이 안 좋았어요. 성인이 되어 라식 수술을 받았는데요, 다음 날 눈을 떴을 때 바깥의 나뭇가지에 달린 잎이 또렷하게 보이더라고요. 너무 감격했습니다. 그런데 거울 앞에 앉아 제 얼굴을 본 후 곧바로 좌절하고 말았습니다. 흐리게 보던 때와는 좀 다르게 생겼더라고요. 여드름이 너무 적나라하게 보이고요. 그렇지만 얼마 지나지 않아 선명하게 보이는 세상뿐만 아니라 저의 여드름과 모공에도 잘 적응했습니다.

• • •

 마음의 접시를 그릴 때 어떤 점을 고려하면 좋을까요? 마음의 접시는 '주의'의 메타포입니다. 마음 접시의 크기, 즉 주의 용량은 아주 작습니다. 이것은 한 번에 주의를 기울일 수 있는 것이 적다는 말입니다. 사람의 뇌가 한 번에 쥐고 있을 수 있는 정보의 양은 평균적으로 일곱 자리 숫자 정도라고 합니다. 사람에 따라서 주의 용량이 좀 더 큰 경우도 있지만, 저는 이 정도만 되어도 버벅대기 시작합니다. 그러므로 마음의 접시 위에 대여섯 개 이상 너무 많은, 이질적인 재료를 올려두었다면 내가 제대로 마음챙김하고 있는지 확인해보아야 합니다. 마음챙김을 연습하면서 오히려 불필요한 생각을 접시 위에 차곡차곡 올려두는 게 될 수 있죠.

 마음의 접시가 좁다는 것은 좋은 일이면서도 나쁜 일입니다. 나쁜 일인 이유는 어떤 부정적인 기억을 올려두면 그 기억이 전부인 것처럼 느낄 수 있기 때문입니다. 아무리 많은 재료가 널려 있어도 접시 위에 있는 것만 먹을 수 있으니까요. 다른 것들을 함께 떠올릴 여유가 없어져요. 하지만 이것을 반대로 이용한다면 어떨까요? 좋은 부분에 집중하면(접시 위에 좋은 기억, 좋은 감정, 좋은 생각을 올려두면) 그것 외에 다른 것을 떠올릴 여유가 없습니다. 그러니 내가 접시 위에 무엇을 올려두고 있는지 잘 관찰해보세요.

마음의 접시에 써넣은 '생각-감각-감정'이 이어져 있다면 하나의 요리인 것처럼 동그라미로 묶어도 좋습니다. 지금 내 마음을 설명하는 감정 단어가 탁 떠오르지 않는

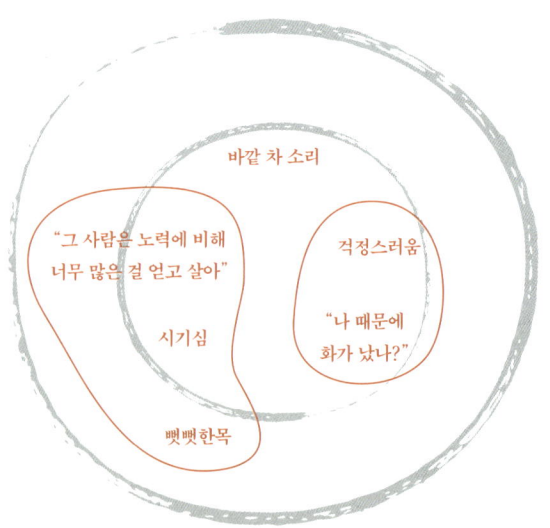

▲ 서로 연관된 생각-감각-감정 묶어보기

다면 '생각-감각'을 먼저 쓴 다음에 감정을 찾아보세요. "무슨 감정인지 모르겠네!" 할 때, 그리고 어려운 감정에 언어를 붙여주려고 할 때는 우선 이어져 있는 감각과 생각을 하나로 묶은 후에 찬찬히 찾아보는 것도 좋습니다.

118쪽에서 나에게 찾아오는 생각과 내가 써내려가는 생각을 구분하자고 이야기했는데요, 마음챙김의 과정에서 생각을 써내려가는 일은 없습니다. 마음챙김은 단지 '바라보는 것'입니다.

몇몇 생각은 분명하게 '생각'으로 인지됩니다. 입 밖으로 꺼내어 말하지 않았을 뿐 아주 분명하게 언어를 갖추고 있죠. '아, 그때 내가 왜 그랬지!' 같은 생각처럼요. 하지만 모든 생각이 이렇게 선명하게 인지되는 것은 아닙니다. 이미지로 떠오르기도 하고, 너무 오랫동안 해왔기에 생각으로 인지되지 못하기도 하죠. 순간적으로 흘러 지나가는 탓에 알아채지 못하기도 합니다. 사실 이렇게 인지하지 못하는 생각이 말풍선에 들어가 있는 것처럼 분명한 생각보다 훨씬 더 많습니다. 그러나 생각에 대한 마음챙김(메타주의)을 꾸준히 연습하면 '아, 이런 것도 생각이구나!',

'방금도 생각에 빠져 있었구나!' 하고 점점 더 많은 생각을 알아차리게 됩니다.

  마음챙김을 하다보면 내 마음에도 구석진 곳이 꽤 있다는 걸 발견하게 돼요. 시기심도 있고, 찌질한 생각도 있으며, 욕심도 있고, 자책도 있습니다. 그래도 괜찮습니다. 나만 그런 것은 아니거든요. 그게 거기에 있지 말아야 할 이유도 없습니다. 오히려 그런 마음이 거기에 있지 말아야 한다는 생각이 그들을 더욱 존재감 있게 만들어버리곤 합니다. 어쨌든 예민함의 구간을 지나면 또 다른 구간이 열린다는 것을 기억하세요. 이 시기도 곧 지나갈 테니 너무 걱정하지 마세요.

Tool Kit
마음의 접시 그리기

지금 이 순간 내 마음을 일시 정지하고 주의를 기울여 봅시다. 마음의 접시 위에 떠오르는 생각, 감각, 감정을 그려보세요. 마음의 접시 위에는 무엇이 올라와 있나요?

Chapter 04

편안하게 머무는 연습

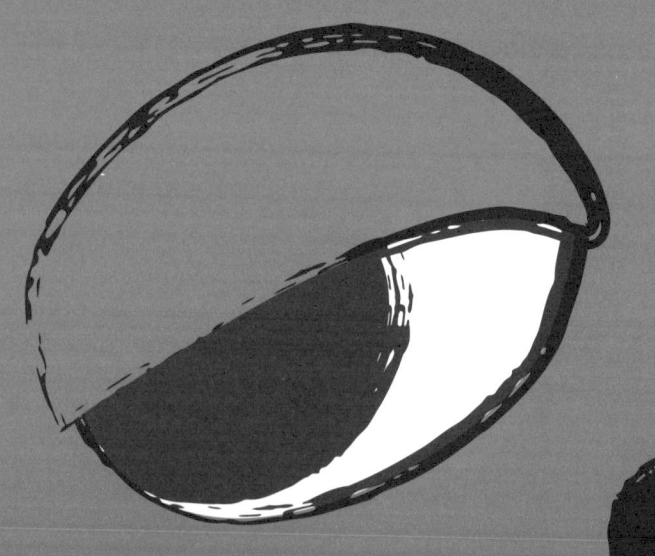

불안 속에서도 나를 지키는 명상 가이드

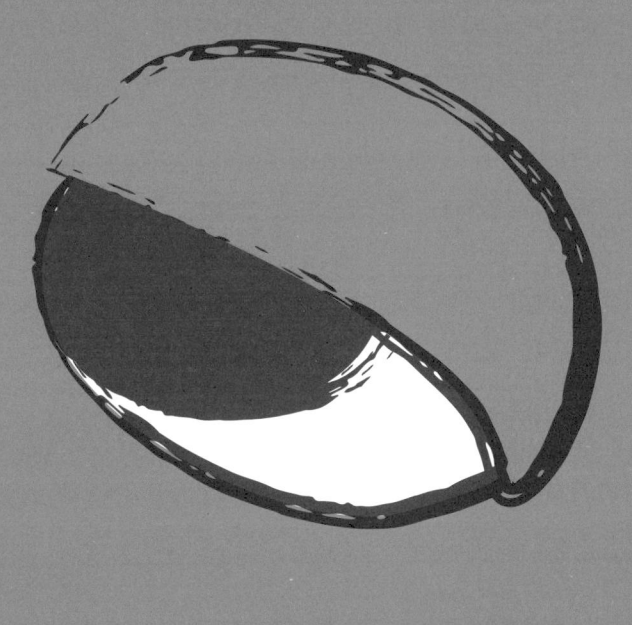

불안을 다스리기 위한 마음챙김 명상을 얼마나 연습해야 진짜 효과를 볼 수 있을까요? 정답은 놀랍게도 '즉시'입니다. 올바른 방식으로 마음챙김 명상을 시도한다면  지금 바로 나의 불안을 따뜻하게 안아줄 수 있어요. 명상을 해본 적이 없어도 괜찮냐고요? 그럼요! 이 책을 펼치고 여기까지 온 것만으로도 이미 준비된 거랍니다. 딱 한 가지 필수 준비물은, 나를 돌보는 시간을 스스로에게 너그럽게 허락해주는 거예요. 짬이 나면, 이번 프로젝트만 끝나면, 이직에 성공하면……

더이상 미루지 말고 지금 바로요!
지금 이 순간 내 몸에 어떤 감각이
느껴지는지 차분히 주의를 기울이면
과거나 미래로 향하던 생각이 잦아들면서
'지금 여기'에 온전히 머물 수 있어요.
어쩌면 너무나 당연해서 지나쳐온

느낌에 생경하게 주의를
기울여보는 거예요.
이렇게 되찾은 몸의
감각은 내가 언제나
돌아가 쉴 수 있는
심리적 안전 기지가
되어줍니다. 비상시에도
산소 호흡기 위치와
사용법을 잘 알고 있으면 스스로를
안전하게 지킬 수 있는 것처럼요.

Chapter 04
Point

(1) 몸과 마음이 쉴 수 있는 나만의 공간을 만들어봅니다.

(2) 명상을 통해 나의 불안을 알아차리고 받아들여봅니다.

(3) 내 안의 불안과 마주하고 대화하는 방법을 배워봅니다.

안전한 공간 만들기

　마음챙김을 통해 나의 상태를 바라보는 경험을 했다면 이제는 그렇게 인지한 마음을 편안하게 만들어줍시다. 일상에서 바로 시작할 수 있는 명상을 통해서요. 가장 먼저 해볼 일은 명상을 위한 안전한 공간을 만드는 거예요.

　명상을 위한 공간을 만드는 건 매우 중요합니다. 그 공간이 '명상'이라는 활동을 기억하게 도와줄 뿐만 아니라 그 공간 자체가 평화로움과 쉼을 느끼게 해주기 때문이에요. '명상해야지!'라고 여러 번 다짐만 하고 실천이 어려웠다면 먼저 명상을 위한 작은 공간을 마련해보세요. 그러면 꾸준한 연습에도 도움이 됩니다. 디지털 환경에서 벗어난 그 공간에서 내가 정말로 이어지고 싶은 것들과 안전하게 연결될 수 있어요.

좋아하는 공간을 한번 떠올려봅시다. 그곳에 가면 어떤 기분이 드나요? 아늑한 카페일 수도 있고, 추억이 깃든 동네일 수도, 집 안의 한 공간일 수도 있어요. 비행기 티켓을 끊어서 멀리 떠나야 할 수도 있겠죠. 잠시 눈을 감고 왠지 모르게 마음이 편안해지는 그런 공간을 떠올려보세요. 직접 가보지 않은, 영화에서 봤던 장면을 떠올려도 좋아요. 예를 들어볼까요?

"저는 넓은 들판에 누워 있던 날이 떠올라요. 온도가 적당한 바람이 솔솔 불어오고, 가까이에 있는 나무들이 바람에 흔들리는 소리가 들려요. 너무 뜨겁지 않은 햇살이 몸 전체를 따스하게 비춰주고 있어요. 시간은 느리게 흘러가고 마음은 차분하고 평화롭습니다. 저는 이 들판에 '잘함과 못함 그 너머에 있는 뜰'이라는 이름을 붙여주고 싶어요. 지나간 일과 다가올 일에 대해 판단하거나 평가하지 않는 곳으로요. 이 들판에서 저는 이미 충분한 존재임을 느끼고 걱정 없이 푹 쉴 수 있어요."

이렇게 내가 평화로움과 안정감을 느끼는 공간을 구체적으로 떠올려보세요. 그 공간이 제공해주는 구체적인 감각과 감정에 대해 기록해보고, 실제로 그 공간의 요소들을 담아 내 방 안에 자그마한 명상 코너를 만들어보려고 합니다. 어떤 것을 기록해야 할지 모르겠다면 그곳에 있을 때 느껴지는 감각이나 감정을 살펴보면서 다음 질문에 답해보세요.

- 그 공간에서는 어떤 소리가 들려오나요?(청각)
- 그 공간에서는 어떤 게 보이나요?(시각)
- 그 공간에서는 어떤 향이 나나요?(후각)
- 그 공간의 촉감은 어떤가요? 부드러운가요, 푹신한가요?(촉각)
- 그곳에 있는 나는 주로 어떤 감정을 느끼나요?
- 특히 그 공간의 어떤 면이 그렇게 느끼게 하나요?

...

크기와는 상관없이 물리적으로 안전한 공간이 있다는 것은 나에게 커다란 위안이 됩니다. 평범한 의자 하나여도 괜찮아요. 만약 그 의자를 '내가 푹 쉬는 의자'로 지정해두면 그 의자에 앉을 때마다 푹 쉴 수 있어요. 대단한 공간을 만들어야 하는 것은 아닙니다. 방이 넓지 않아도 괜

찾고 혼자 사는 공간이 아니어도 됩니다. 다만 그곳에 자꾸 찾아가고 싶게 만들어야 해요. 아끼거나 좋아하는 몇 가지 물건을 모아놓아도 좋고 내가 편안함을 느끼는 사진이나 그림을 모아두어도 좋습니다. 며칠을 두고 천천히, 내가 충분히 휴식할 수 있는 공간을 만들어보세요.

이런 공간이면 좋아요!
- 방의 코너 한구석
- 푹신한 의자나 방석, 쿠션(일할 때 앉는 곳은 피해주세요!)
- 요가 매트

마음이 쉴 수 있는 것이 있으면 좋아요!
- 좋아하는 풍경이 담긴 사진이나 그림
- 환기가 되는 문구, 좋아하는 문장
- 소중한 사람의 편지나 엽서
- 좋아하는 향, 디퓨저, 초

마음이 바빠지는 것은 없으면 좋아요!
- 달력
- 시계

- 스케줄러

 만약 누군가와 공유하는 공간이라면 그곳의 의미를 설명하고 내가 그 공간에 머무는 시간이 언제인지 미리 알려주세요. 그 시간 동안 룸메이트의 양해나 도움이 필요하다면 부드럽게 요청해보세요. 그리고 언젠가 룸메이트도 그런 공간을 마련할 수 있도록 도와주세요.

・・・

 물리적으로 편안한 공간을 만들었다면 이제는 그곳에 앉아서 나의 내면에 안전한 공간을 만들어볼게요. 내면에 안전한 공간을 만들어두면 언제 어디서나 찾아갈 수 있어요. 일터나 복잡한 대중교통에서도 찾아갈 수 있습니다. 물리적인 공간의 제약 없이 내면에 내가 쉴 수 있는 공간을 마련해보는 연습이에요. 몸의 감각을 활용하는 방법인데요, 세 가지 방법을 모두 시도해보고 어땠는지 기록해보세요. 나에게 가장 잘 맞는 한 가지 방법을 선택해도 좋고 상황에 맞게 세 가지 방법을 적절히 섞어서 사용해볼 수도 있습니다. 안전한 공간에서 충분히 연습한 후에 실제로 적용해보세요.

1) 열 번 호흡하기

숨을 들이마실 때 숨이 들어오는 것을 느껴보세요.

숨을 내쉴 때 숨이 코 안쪽을 스치며 지나가는 것을 느껴보세요. 하나,

다시 숨을 들이마시며 콧구멍 안쪽이 시원해지는 것을 느껴봅니다.

숨이 빠져나가면서 약간 따뜻해진 공기를 느껴봅니다. 둘,

이렇게 열까지 세어봅니다.

어땠나요? 열까지 세는 것이 쉬웠나요, 어려웠나요? 다섯, 여섯, …… 잘 세다가 갑자기 생각에 휩쓸렸나요? 그렇다면 다시 하나부터 시작해봅니다. 어떤 날은 수월할 수도 있고 어떤 날은 열까지 세는 게 이렇게 어려웠나 싶을 거예요. 열까지 세는 것보다 중요한 것은 단 한 번이라도 진정으로 숨을 느끼는 거랍니다.

2) 서 있다면 발바닥이 받쳐주는 느낌 느끼기

두 발바닥이 땅에 잘 닿아 있는지 느껴보세요.

두 발바닥을 땅에 잘 닿게 해봅니다.

숨을 들이마시고 내쉬면서 오른쪽 발바닥을 느껴봅니다.

숨을 들이마시고 내쉬면서 왼쪽 발바닥을 느껴봅니다.
숨을 들이쉬고 내쉬며 두 발바닥을 동시에 느껴봅니다.
내가 땅 위에 서 있다는 것을 느껴봅니다.
땅이 나를 잘 받쳐주는 느낌을 느껴봅니다.
땅의 단단함과 안정감을 느껴봅니다.

어땠나요? 발이 땅에 잘 닿아 있다는 감각이 주는 편안함을 느껴보기를 바랍니다. 이 방법은 가만히 서 있을 때나 걸으면서 할 수 있어요. 버스나 지하철을 기다리는 동안 발바닥이 땅에 닿아 있는 느낌, 몸의 묵직함이 발바닥으로 전해지는 느낌, 걸으면서 발바닥이 땅에 닿았다가 떨어지는 느낌, 뒷꿈치, 앞꿈치, 발가락이 순서대로 닿는 느낌을 느껴봅니다. 습관처럼 자동적으로 걷기보다 마치 태어나서 처음 걷는 것처럼 생경한 느낌으로 천천히 걸어보세요. 저는 다음 가이드를 자주 떠올리며 걷곤 합니다.
"한 발 한 발, 대지에 부드럽게 입 맞추듯 걸어보세요."

3) 앉아 있다면 엉덩이의 묵직한 느낌 느끼기
앉아 있는 상태에서 두 엉덩이를 느껴보세요.
엉덩이로 전해지는 몸의 무게감을 느껴봅니다.

숨을 들이마시고 내쉬면서 오른쪽 엉덩이를 느껴보세요.
숨을 들이마시고 내쉬면서 왼쪽 엉덩이를 느껴보세요.
숨을 들이마시고 내쉬면서 두 엉덩이를 느껴봅니다.
공평한 무게감이 느껴지도록 앉아보세요.
내 몸의 묵직한 무게감을 느껴봅니다.
숨을 내쉴 때마다 몸이 조금씩 더 무거워지는 것을 느껴봅니다.
의자나 바닥이 내 몸을 잘 지지해주고 있는 것을 느껴봅니다.
바닥의 단단한 느낌, 안정된 느낌을 느껴보세요.

어땠나요? 사무실이나 카페에서, 대중교통에서…… 우리는 많은 시간을 앉아 있습니다. 미팅을 할 때나 면접을 볼 때도 앉아 있죠. 그럴 때마다 내가 '앉아 있다'는 것을 느껴보세요. 두 엉덩이로 느껴지는 무게감을 느끼다보면 긴장되거나 복잡한 마음도 차분히 가라앉힐 수 있어요.

・・・

안전한 공간을 만들어보니 어떤가요? 이 공간에 정기적으로 찾아가보세요. 어쩌다 한 번 찾는 여행지나 이벤트가 되지 않도록요. 매일 아침이나 저녁, 혹은 매주 주말처럼 이 공간에 찾아가는 정기적인 시간을 정해보세요. 특히 집 안에 물리적으로 안전하게 만든 공간은 눈에 보이기에, 그곳을 자주 찾지 않고 있었다면 '최근에 마음이 쉴 수 있는 틈을 주지 못했구나' 하고 새삼 깨달을 수도 있습니다. 내면의 안전한 공간은 언제 어디서나 찾아갈 수 있지만, 습관이 될 때까지 어느 정도의 연습 기간이 필요합니다. 복잡하거나 긴장되는 순간에 내면의 안전한 공간으로 돌아갈 수 있다는 것을 기억해보세요. 내면의 안전한 공간을 찾고 느낄 수 있다면 명상을 통해 불안과 만나게 될 다음 연습에서도 불안과 새로운 관계를 맺을 수 있을 거예요.

Doing!
명상을 시작하기 전에

 명상이 처음이라면 익숙하지 않은 감각에 순간순간 '제대로 하고 있는 게 맞을까?' 의문이 들 수 있어요. 괜찮아요. 명상은 '잘하는 것'이 아니라 있는 그대로 경험하는 것이니까요. 우리가 주로 연습할 명상은 '마음 쉬기'입니다. 머릿속에 켜진 창들을 하나씩 닫고 몸의 감각에 조용히 주의를 기울이는 것이죠. 그럼 본격적으로 시작하기 전에 명상에 보다 편안히 임하려면 어떤 준비와 마음가짐이 필요한지 함께 알아볼까요?

첫 번째, 명상을 위한 나만의 공간을 마련합니다.
 앞에서 다루었듯이 거창한 공간이 아니어도 의자나 방석 하나면 충분해요. 처음이라면 방 한 켠에 의자나 방석 하나를 두는 것으로 시작해보세요. 담요나 쿠션이 있으면 더 좋아요. 차차 그곳에 내가 좋아하는 사진이나 문구를 붙여두거나 좋아하는 향을 켜보세요. 소중한 것들을 모아두어 자주 찾아가고 싶도록 만들어보세요. 그곳에 앉을 때마다 나를 쉬게 합니다. 그리고 나를 만나는 여정이 시작되는 것을 느껴봅니다. 며칠 또는 몇 주간 바쁘고 정신이 없어서 찾아가 앉은 적이 없다는 것을 문득 깨닫는 날도 있어요. 그럴 때는 잠시라도 시간을 내어 그 자리에 앉아서 쉬어보세요. 이렇게 특정 공간을 물리적으로 마련해두면 명상 수련도 잊어버리지 않고 이어서 할 수 있고, 잊어버리더라도 다시 되돌아갈 수 있어요

두 번째, 주의가 흩어지더라도 자책하지 않습니다.
"저는 주의 집중이 잘 안 돼요. 숨을 느끼는 시간도 몇 초밖에 안 되는 것 같아요."

숨을 느끼는 것이 어렵고 주의가 금방 흩어지는 것 같나요? 주의는 강아지 같은 거예요. 강아지는 호기심이 많아서 여기저기 돌아다니잖아요. 주의도 마찬가지입니다. 주의는 한곳에 잘 모아지지 않아요. 그럴 때마다 귀여운 강아지를 부드럽게 훈련시키듯이 숨으로 주의를 다시 데려오고 또 다시 데려오면 됩니다. 주의 집중이 잘 안 되는 것 때문에 자책할 필요는 없어요.

"생각이 계속 일어나서 숨을 거의 못 느꼈어요."

괜찮아요. 그것이 생각이었다는 것을 알았다면 언제라도 다시 숨으로 돌아오면 됩니다. 이번에는 숨에 머문 시간이 1초였다면 다음에는 2초가 되고, 3초가 되고, 또 1분이 되고, 10분이 될 거예요. 시도하다보면 '생각'보다 '숨'에 머무는 시간이 점점 더 길어질 거예요. 언제나 부드럽게 다시 시작할 수 있다는 것을 기억하세요. 이번 명상이 잘 되지 않았다면 다음에 시도해볼 수도 있습니다. 생각 속에 있다가도 숨으로 돌아와서 다시 시작할 수도 있고 숨에 있다가 다시 생각으로 빠져도 다시 숨으로 돌아올 수 있다는 것을 기억해봅니다. 그저 가볍게 다시 시작해보세요.

세 번째, 애쓰지 않기입니다.

명상을 잘하고 싶나요? 잘하고 싶은 마음은 아주 좋은 씨앗입니다. 하지만 잘하고 싶어서 지나치게 애를 쓰는 것은 의외로 도움이 되지 않아요. 좋은 결과를 얻어야 할 것 같은 마음이 커지기 때문입니다. 엄밀하게 말해서 좋은 조건은 좋은 결과까지 포함하지 않습니다. 이 연습을 통해 반드시 어떤 평화로운 상태에 도달할 수 있는 것은 아닙니다. 그런 상태가 될 수도 있고 그렇지 않을 수도 있어요. 마치 책의 부록 같은 겁니다. 부록은 있을 수도 있고 없을 수도 있잖아요. 평화로운 상태, 고요한 상태는 목적이 아니라 부록입니다. 내가 할 수 있는 것은, 잘하고 싶어하는 귀한 마음의 씨앗으로 지금 나의 상태를 분명하게 '인지'하는 거예요.

'내가 지금 불안하구나. 불안감은 내 몸에서 이렇게 느껴지는구나. 불안이 나에게 어떤 신호를 주려고 나타난 걸까?'

분명하게 인지하고 분명하게 알아차리는 겁니다. 이런 과정 속에서 우리는 천천히 평화로워질 수 있어요. 물론 하루아침에 되지 않겠죠. 내 마음속에 야생동물을 한 마리 키운다고 상상해보세요. 귀엽지만 야생인 동물 한 마리를 떠올려봅니다. 곰, 하마, 수달, 살쾡이, 청설모……. 이 야생동물들은 몇 주 훈련했다고 말을 잘 알아듣지는 못할 겁니다. 앉으라고 해도 앉지 않고 기다리라고 해도 기다리지 않을 거예요. 어제는 잘하는 것 같다가도 오늘은 또 헛수고로 돌아갈 수도 있고요. 그래도 인내심을 갖고 다시 시작해봅니다. 반복하고 또 반복하다보면 어느새 길들여진 귀여운 곰 한 마리와 평화롭게 살아가고 있는 나를 발견하게 될 거예요.

내 몸에 뿌리내리기

 태풍이 지나갈 때 나무의 모습을 본 적 있나요? 나뭇잎이 사방으로 떨어지고 나뭇가지들도 이리저리 흔들립니다. 그런데 나무가 뿌리째 뽑히는 일은 별로 없답니다. 깊이 뿌리내린 나무라면 세찬 바람이 불어와도 위쪽만 흔들릴 뿐 다시 제자리를 찾습니다. '불안'이라는 감정이 태풍이라면 나는 불안이 찾아올 때마다 뿌리째 뽑히고 있나요? 아니면 잠시 흔들릴 뿐 땅 속에 깊이 내린 뿌리의 힘으로 다시 내 자리를 찾을 수 있나요?

 불안감 속에서 나를 지킬 수 있는 첫 번째 방법은 '뿌리내리기'입니다. 나무는 흙에 뿌리를 내리는데요, 우리는 어디에 뿌리를 내릴 수 있을까요? 바로 몸입니다. 몸은 언제나 지금 여기에 있기 때문입니다. 오히려 그래서 인지 몸을 인식하거나 의식해본 적이 별로 없을 수도 있어요. 몸은 항상 나와 같이 있으니까요. 사실 우리의 주의는 몸에서 많이 멀어져 있는 것 같아요. 핸드폰이나 컴퓨터 화면에 집중하고 있거나 과거와 미래를 오가는 생각 속에 빠져 있기 쉽죠. '지금 내 몸이 어떻지?' 하고 몸을 느껴본 적은 별로 없어요. 많은 경우, 심한 통증을 느껴야 몸을 살피곤 하니까요.

나무가 흙 속에 깊이 뿌리를 내리듯이 우리도 내 몸을 구석구석 느끼면서 몸에 깊이 뿌리를 내릴 수 있어요. 몸이 지금 여기에 있다는 것을 충분히 느끼는 방법을 익혀두면 과거나 미래로 떠도는 생각으로부터 벗어날 수 있어요. 불안은 생각에서 비롯되거든요. 어디로 가야 할지 모를 때는 어디로 돌아와야 할지를 기억해보는 건 어떨까요? 바로 내 몸으로요.

• • •

'바디스캔'이란 단어를 들으면 어떤 생각이나 이미지가 연상되나요? 바디를 스캔한다! 공항 검색대에서 양팔을 벌려 몸을 스캔하는 느낌! 네, 맞아요! 비슷해요. 내 몸 구석구석에 주의를 보내면서 그 부위에서 어떤 느낌이 느껴지는지 살펴보는 거예요. '머리, 어깨, 무릎, 발'이라는 동요 가사를 기억하나요? 바디스캔을 통해 그 동요를 좀 더 디테일하게 불러보는 거예요. 머리, 얼굴, 목, 어깨, 가슴, 배, 등, 팔, 손바닥, 손가락, 허벅지, 무릎, 종아리, 발, 발바닥, 발가락까지요. 몸 전체에서 시작해 작은 부위로 주의를 옮겨가면서 느껴볼 거예요.

처음에는 아무것도 느껴지지 않을 수도 있어요. 이럴 때는 어떤 감각을 느끼거나 찾으려고 애쓰기보다는 그냥 무감각함에 머물러봅니다. 무감각도 감각입니다. 이렇게 편안하게 무감각함에 머물다보면 서서히 감각이 느껴지기도 합니다. 사실 우리 몸 전체에는 감각이 있거든요. 조급해하지 않고 나를 천천히 기다려주면서 내 몸에 친절하게 관심을 두는 것부터 시작해보세요.

몸을 느끼기 시작하면 여러 통증이 먼저 느껴지기도 합니다. 어깨의 무거움, 쑤심, 목의 무거움, 당김, 허리 통증……. 이런 통증은 바디스캔을 하면서 생겼다기보다 원래 있던 감각일 가능성이 높아요. 평소에도 통증이 있었는데 주의를 깊게 기울이지 않아서 선명하게 느끼지 못한 것일 수 있어요. 바디스캔 중 건강에 위협 신호를 보내는 심한 통증을 발견한다면 치료나 운동 등 현실적으로 필요한 조치를 취하는 게 좋습니다. 그 외의 적당한 불편감은 바로 빠져나오지 말고 있는 그대로 한번 느껴보세요. '불편하다' 혹은 '편안하다'라고 하는 것은 나의 판단입니다. 판단 이전에 무거운 느낌, 답답한 느낌, 찌르는 느낌과 같은 중립적인 감각이 있어요. 판단을 잠시 미루고 감각에 머물러봅니다.

"감각을 느껴라!"는 말이 모호하게 들릴 수도 있어요. '감각이 뭐지? 느낀다는 건 어떻게 하는 거지?' 하고요. 감각은 내 몸이 느끼는 모든 것을 말합니다. 따뜻하다, 시원하다, 건조하다, 촉촉하다, 무르다, 딱딱하다, 가볍다, 무겁다, 부드럽다, 거칠다, 편안하다, 답답하다, 찌르다, 가렵다, 저리다, 쑤시다, 얼얼하다, 조이다……. 이렇게 몸의 감각을 세세하게 표현하는 단어들을 틈틈이 공부해보는 것도 좋아요. 이게 감각인지 아닌지 잘 모르겠다고요? 감각을 느낄 때는 의심하지 않아도 됩니다. 내가 느끼고 있다면 그게 감각이 맞아요. 의심을 내려두고 감각을 충분히 경험해보세요.

 느끼는 것은 생각하는 것과 다릅니다. 지금 잠시 시간을 갖고 오른발을 느껴보세요. 그다음에는 잠시 시간을 가지면서 다시 오른발에 대해 생각해보세요. 무엇이 다른가요? 오른발을 느낄 때는 발가락을 꼼지락꼼지락하면서 양말 안에 있는 발가락의 온도를 느껴보기도 하고, 하루종일 걸어다녀서 피로하고 무거운 발바닥을 느껴보기도 했어요. 오른발에 대해 생각할 때는 어땠나요? '이전에 한라산 갔을 때 오른발을 다쳤는데, 그때 정말 고생했지. 그래도 친구들이랑 등산 갔던 기억은 참 좋았어. 또 가고 싶네.' 이런 식으로 오른발에 대한 기억이나 스토리를 떠올리게 됩니다.

 바디스캔을 할 때도 마찬가지예요. 감각에 대해 생각을 하는 대신 느껴보세요. 뒷목에 찌릿한 감각이 느껴질 때, '아, 다음 주에 마사지 받으러 가야겠다. 언제 가지? 어디로 가지?' 이렇게 감각으로부터 시작된 생각을 펼쳐나가는 대신, 그저 찌릿한 느낌에 머물러보는 거예요. 찌릿한 느낌이 목 어디쯤에서 시작되어 어디에서 끝나는지 느껴보세요. 찌릿한 정도가 점점 어떻게 변화하는지도 느껴볼 수 있어요. 생각이 너무 많아져서 집중이 잘 안 될 때도 있을 거예요. 괜찮아요. 생각하고 있다는 것을 알아차렸다면 언제라도 다시 몸의 감각으로 돌아오면 됩니다. 이 과정을 여러 번 반복해도 괜찮아요.

Doing!

바디스캔

  QR 코드를 통해 음성을 들으며 명상을 따라해보세요. 온라인 이용이 어렵다면 글을 읽으며 천천히 따라가도 괜찮습니다. 상황에 맞게 편한 방법으로 시작해보세요.

QR CODE

눈을 감아볼게요.

먼저 정수리 머리 끝에 주의를 보내봅니다.

머리의 옆면, 뒷면, 두피 전체, 머리카락 한 올 한 올의 느낌.

이마에서 느껴지는 감각.

왼쪽 눈썹과 오른쪽 눈썹.

양쪽 눈, 동그란 눈의 앞면 뒷면을 잘 느껴보세요.

왼쪽 귀, 오른쪽 귀.

이번에는 코, 코 바깥쪽의 피부, 안쪽의 피부.

공기가 스쳐 지나가는 느낌.

윗입술과 아랫입술이 닿아 있는 느낌.

치아, 혀, 입안 공간의 느낌.

양쪽 뺨.

턱과 이어지는 목, 목의 앞면, 뒷면, 옆면.

식도와 기도를 느껴봅니다.

그저 느껴보려고 할 뿐입니다.

왼팔과 어깨가 닿아 있는 부분,

왼팔의 윗부분, 팔꿈치, 아랫팔, 손목, 손등과 손바닥,

엄지부터 새끼손가락까지 마디마디를 느껴봅니다.

오른팔과 어깨가 닿아 있는 부분, 오른팔의 윗부분, 팔꿈치.

아랫팔, 손목, 손등과 손바닥, 엄지부터 새끼손가락까지.

양손의 손가락을 꼼지락꼼지락해봅니다.

가슴 전체, 가슴을 감싸주는 갈비뼈의 느낌, 그 안에 폐의 느낌.

심장 소리에 머물러보아도 괜찮습니다.

이번에는 평소에 내가 볼 수 없는 나의 뒷모습을 바라보겠습니다.

윗등, 중간 등, 허리, 왼쪽과 오른쪽 옆구리, 아랫배.

피부 표면뿐만 아니라 장기의 느낌까지도
내가 느낄 수 있는 만큼만 느껴봅니다.
상체의 무게감은 어떤가요?
골반, 치골.
이제 다리입니다. 왼다리의 허벅지, 피부와 근육,
그 안쪽에도 무엇이 느껴지나요?
왼다리의 무릎, 정강이뼈, 종아리.
왼다리의 발목, 발등, 발바닥, 발가락 마디마디까지.
오른다리로 주의를 둡니다.
허벅지, 허벅지의 피부와 근육, 오른다리의 무릎, 정강이,
종아리, 발목 바깥과 안쪽.
발등, 발바닥, 발뒤꿈치, 발가락.
자, 마지막으로 유영하듯 자유롭게 몸 전체를 느껴봅니다.

머릿속 세상 탈출

 불안과 함께하는 법은 다음 세 단계로 구성되어 있습니다.

 첫 번째, 머릿속에서 끊임없이 쏟아지는 생각을 알아차리는 것입니다. 생각은 실제가 아니라 머릿속에 있는 일일 뿐이죠. 지금 재생되고 있는 스토리가 실제가 아니라 그저 생각임을 알아차리면 불안이 커지는 것을 멈출 수 있습니다. 불안을 있는 그대로 바라볼 준비가 된 거죠.

 두 번째, 불안을 알아차리는 것입니다. 불안에 '불안'이라고 이름을 붙이는 거죠. 이렇게 '불안이 있다'는 것을 알아차리기만 해도 많이 나아질 수 있어요. 그 결과, 뭔지도 모르는 채로 압도되는 상태에서 빠져나올 수 있게 됩니다.

 세 번째, 불안을 받아들이는 거예요. 만약 불안감이 나에게 온 첫 번째 화살이라면 두 번째, 세 번째 화살은 내가 쏘고 있는 것은 아닌지 살펴보아야 합니다. 불안감에서 시작한 감정이 더 많은 불안과 두려움, 걱정, 분노, 공포로 번지고 있는 건 아닌지를요. 내가 나를 향해 쏘고 있는 두 번째, 세 번째 화살을 거두는 방법이 바로 '불안 받아들임'입니다. '불안'이라는 감정을 이해하면 불안을 받아들일 수 있어요. 자, 그러면 천천히 한 단계씩 함께 걸어가볼까요?

· · ·

 불안하면 생각이 끊임없이 이어지죠. 이렇게 생각이 이어지면서 더 불안해지기도 하고요. 불안이 불이라면 생각은 장작이에요. 불안감이 점점 커지고 있다면 나도 모르게 생각 장작을 계속 넣고 있는 건 아닌지 살펴보아야 해요. 불안을 해결하려면 전략을 짜고 계획을 세워야 하는데 생각은 필수적인 것 아니냐고요? 만약 우리 집에 지금 불이 났는데요, 화재 원인부터 찾겠다고 나서면 어떻게 될까요? 도움이 되는 행동처럼 보이지만 실제로는 그렇지 않아요. 최대한 빨리 불길을 잡는 게 우선이겠죠? 다른 행동부터 한다면 집은 다 타버릴 겁니다.

이번 장에서는 '생각'이라는 장작을 넣고 있는 상태를 알아차리는 연습으로 시작합니다. 사실 생각은 너무 자동적이어서 내가 생각하고 있는지도 잘 모릅니다. 하지만 생각을 알아차리고 관찰하는 방법을 익히면 '내가 이렇게 생각을 많이 하고 있었다니!' 하고 놀랄지도 몰라요. 인지는 변화의 시작이죠. 생각 습관을 관찰하다보면 지금 상황을 왜곡 없이 있는 그대로 인식할 수 있고요, 지금 내가 무엇을 해야 하는지도 분명하게 알 수 있어요. 불부터 꺼야 하는지, 화재 원인을 찾아야 하는지, 아니면 다른 일을 해야 하는지를요. 생각하고 있는지도 모르는 채 생각에 푹 빠져 있는 것과 생각이 일어났음을 알고 관찰하는 것은 종이 한 장 차이처럼 보이지만, 불안을 다루는 데 결정적인 차이를 만들어냅니다.

• • •

명상가를 위한 가이드 중 '머리에 살지 말고 배에 살아라'라는 말이 있습니다. 이 말을 듣고 저는 얼마나 머릿속에서 오래 살았는지 깨달을 수 있었어요. 머리가 아니라 배에 산다면 우리가 바디스캔에서 경험한 것처럼 배를 통해 숨이 드나드는 느낌이 들 거예요. 몸과 함께하는 '지금 여기'에 머물 수 있게 됩니다.

  지금 머리에 손을 한번 올려보세요. 뜨거운가요? 두통이 있나요? 아니면 적당한 온도인가요? 내가 나무라면 여기는 잎입니다. 바람이 불면 엄청 흔들리는 곳이에요. 지금 얼마나 흔들리고 있나요? 이제 그 손을 배로 가져가보세요. 숨 쉴 때마다 배가 오르락내리락합니다. 여기가 나무의 뿌리입니다. 뿌리는 아무리 세찬 바람이 불어도 흔들리지 않아요. 다시 한번 숨을 들이마시고 내쉬어봅니다. 그리고 '머리에 살지 말고 배에 살아라'라는 말을 느껴보세요.

  머릿속 세상에서 탈출하려면 생각의 특성을 이해하고 생각을 대하는 나의 습관을 점검해볼 필요가 있어요. 평소에 생각 속에 빠져 있다거나 생각에 끌려다닌다고 느낄 때가 있나요? 나를 불안하게 하는 생각의 종류는 어떤 게 있나요? 불안한 생각이 쏟아질 때 내 몸과 마음은 어떤가요? 나의 경험을 잠시 떠올려봅니다. 평소에 생각을 관찰해본 적 있나요? 만약 생각을 관찰할 수 있다면 어떨 것 같나요?

생각은 우리가 이렇게 발전하고 성장하면서 살아갈 수 있도록 많은 도움을 주었죠. 그렇지만 내가 생각을 활용하는 것이 아니라 생각이 나를 조종하고 있다면 문제가 됩니다. 생각 덕분에 위험을 피할 수도 있지만, 일어나지도 않은 일에 대해 과장된 생각을 하면서 마치 그 일이 진짜 일어난 것처럼 믿는다면 커다란 불안 속에서 시간을 보내게 됩니다.

"생각을 그만하고 싶어요."
"생각을 없애고 싶어요."

어떻게 하면 생각을 멈출 수 있을까요? 어떻게 하면 생각을 없앨 수 있을까요? 아쉽게도 생각은 그만하거나 없앨 수 없어요. 대신 알아차릴 수는 있어요. 관찰할 수는 있어요.

"아, 이게 생각이구나."
"내가 생각을 했구나."

이렇게 봤을 때는 큰 차이가 없어 보이지만, 직접 경험해보면 쏟아지는 생각에서 자유로워지는 걸 느낄 수 있을 거예요.

"저는 그래도 생각을 없애고 싶은데요……."

하늘의 구름을 떠올려보세요. 구름이 끼어 있는 날에는 파란 하늘이 보이지 않아요. 그렇다고 해서 하늘이 파랗지 않은 건가요? 하늘이 사라진 걸까요? 파랗고 넓은 하늘은 분명 그대로 있을 거예요. 구름은 잠시 머물 뿐이죠. 시간이 흐르면 구름은 지나가고 사라집니다. 생각은 구름이에요. 나는 하늘이고요. 구름 하나하나를 탓하거나 없애려고 애쓰지 않아도 됩니다. 구름이 있다고 하늘이 구름을 밀어내거나 붙잡으려고 하지 않는 것처럼요. 생각을 너무 미워하지는 마세요.

. . .

생각은 기본적으로 자동 조종 모드입니다. 알아차리지 않고 그냥 둔다면 안드로메다까지 갈 수 있거든요. 전문적으로는 '디폴트 모드 네트워크 Default Mode Network'라고 합니다. 이 모드에서는 주로 과거를 회상하거나 미래를 계획하면서 후회, 걱정, 불안, 두려움 같은 감정을 만들어냅니다. 예를 들어볼게요.

"내가 그때 그 말을 했으면 안 되었는데……."
→ 과거 회상 - 후회
"다음 주까지 마감인데, 할 수 있을까?"
→ 미래 계획 - 불안
"기분이 축 처지네. 요즘 왜 이러지?"
→ 걱정, 불안
"그 사람은 왜 답장이 느릴까? 혹시 나를 좋아하지 않는 걸까?"
→ 걱정, 불안

허허, 마치 제 머릿속을 보여준 것 같은데요. 많은 분에게 이런 패턴이 익숙하게 느껴질 거예요. 생각이 자동 조종 모드일 때는 저런 생각이 끊임없이 일어납니다. 그렇기에 생각이 계속 일어나는 건 우리의 잘못이 아닙니다. 자동 조종 모드가 켜져 있을 뿐이니까요. 이제는 생각이 너무 많다고 스스로를 탓하지 마세요!

퀴즈 하나 낼게요.

생각은 그만할 수 있다? 없다?

약간 헷갈리겠지만 앞의 내용을 자세히 읽었다면 힌트를 찾을 수 있을 거예요. 정답을 말하기 전에 같이 짧은 실습을 해볼게요. 지금부터 하얀 강아지를 생각하지 말아보세요. 털이 복슬복슬 귀여운 하얀 강아지를 생각하지 마세요.

자, 어떤가요? 머릿속에 말티즈 생각뿐인가요? 저희 집 하얀 강아지가 제 머릿속에서 막 뛰어다니네요. 생각은 이렇게 그만하려고 하면 더 많이 일어납니다. 그만하고 싶다고 그만할 수 있지도 않아요. 생각에 대한 이 첫 번째 진실만 이해해도 우리는 어느 정도 자유로움을 경험할 수 있어요. 생각과 싸우기를 그만두게 되거든요.

이번에는 이 진실을 '폭포'라는 이미지로 살펴볼게요. 생각은 폭포입니다. 언젠가 봤던 폭포를 떠올려보세요. 영상으로 봤던 폭포도 좋아요. 생각은 시냇물도 아니고, 호수도 아니고, 강도 아닙니다. 생각을 굳이 '폭포'라고 표현하는 이유는 그만큼 세차기 때문입니다. 막을 수가 없어요. 그런데 우리는 폭포 아래에서 손바닥으로, 가방으로, 나무판자로 폭포를 맞지 않으려고 애쓰고 있어요. 헤드뱅잉을 하고 있어요.

"그럼 이제 어떻게 해야 해요? 그냥 생각 폭포를 맞으면서 그렇게 사는 건가요?"

폭포의 물살을 막을 수도 없고 마르게 할 수도 없다면 이렇게 해보세요. 폭포에서 한 발짝만 성큼 뒤로 물러서 보세요.
자, 어떤가요? 폭포는 어디에 있나요? 폭포가 내 앞에서 여전히 세차게 쏟아지고 있습니다. 나는 어떤가요? 더 이상 헤드뱅잉을 하지도 않고 편안하게 숨도 쉴 수 있게 되었네요.

나를 불안하게 만드는 생각에서 이렇게 한 발짝 성큼 물러나는 연습이 필요합니다. 나도 모르게 자꾸만 세찬 물살로 빨려 들어갈 때도 있을 거예요. 그럴 때마다 다시 한 걸음 뒤로 성큼 물러나보세요. 그렇게 수십 번, 수백 번을 반복해도 좋아요.

Doing!

머릿속 세상 탈출

  QR 코드를 통해 음성을 들으며 명상을 따라해보세요. 온라인 이용이 어렵다면 글을 읽으며 천천히 따라가도 괜찮습니다. 상황에 맞게 편한 방법으로 시작해보세요.

QR CODE

생각이 일어났을 때 이름표를 붙여볼게요.
이름표를 들고 한 발짝 떨어져서
'내가 이런 생각을 했구나!' 하고 알아차립니다.
생각에 빠져 있는 순간과 생각을 알아차린
순간의 느낌을 한번 비교해보세요.
힘을 빼고 시작할게요.
눈을 감습니다.
몸의 자세를 알아차려보세요. 어떻게 앉아 있나요?
숨을 느껴봅니다. 들숨과 날숨, 코끝이나 배…….
이렇게 숨이 잘 느껴지는 부위에서 들숨과 날숨을 느껴봅니다.
계속 호흡에 주의를 두면서 머물러보겠습니다.

이렇게 호흡에 머물다보면 자연스럽게 생각이 떠오릅니다.
자연스러운 일이죠.
생각은 항상 떠오릅니다. 나의 실수가 아니에요.
생각이 일어났다면…… 생각을 알아차려봅니다.
'생각, 생각.' 이렇게 이름표를 붙여봅니다.
그리고 다시 숨으로 돌아옵니다.
들숨, 날숨.
계속해서 이런저런 생각이 일어날 때
미워하거나 당황하지 말고 '생각, 생각.'
단순하게 이름표를 붙여봅니다.
그리고 다시 숨으로 돌아옵니다.
들숨, 날숨, 들숨, 날숨.

한참 동안 생각의 기차를 탈 수도 있어요.
생각하는지도 모르는 채 생각을 하고 있는 거죠.
언제라도 내가 생각하고 있다는 것을 알게 되었다면
이름을 붙여보세요.
'생각, 생각. 이건 생각이야.'
그리고 다시 숨으로 돌아옵니다.
숨을 들이마시고 내쉽니다.
들숨, 날숨.

우리는 언제라도 '생각'이라는 기차에서 내릴 수 있습니다.
이름표를 붙이고 호흡으로 돌아옵니다.
그리고 지금 여기에서 충분히 쉬어봅니다.

불안 알아차리기

 어느 더운 여름날, 공원에서 산책을 하다가 귀한 장면을 본 적이 있어요. 그날도 여느 때처럼 강아지를 데리고 함께 산책 나온 분들이 많았는데요, 말티즈처럼 보이는 하얀 강아지가 자기는 이제 더 못 간다면서 길 한중간에 딱 서버렸어요. 날이 무더웠던 탓일 수도 있고 다리가 아팠던 것일 수도 있죠. 제가 키우는 강아지도 더이상 못 걷겠으니 자기를 안고 가달라는 신호를 보낼 때가 있거든요. 그럴 때는 강아지를 번쩍 안거나, 아니면 줄을 당기면서 가자고 재촉하곤 했어요. 그런데 강아지 보호자의 행동은 의외였어요. 강아지 옆으로 가더니 조용히 함께 앉았습니다. 마치 '네가 괜찮아질 때까지 기다릴게'라고 말하는 것 같았어요.

이 장면은 제 마음에 오래도록 남았어요. 그리고 힘든 감정을 마주할 때마다 이 장면을 떠올리곤 했어요. 불안, 두려움, 조급함, 우울, 불만을 비롯한 어두운 감정을 알아차릴 때마다 저항감이 강하게 올라왔거든요. '이 감정이 빨리 없어져야 해. 편안해져야 해' 하고요. 그럴 때마다 그 감정이 사라지기는커녕 더 강해졌어요. 그동안 '삶'이라는 공원에서 '불안'이라는 이름을 가진 강아지가 저를 앞으로 가지 못하게 할 때마다 "싫어! 나는 가야 해!" 하고 줄을 당기면서 다그쳤던 것 같아요. 하지만 이제는 팽팽하던 줄을 조금 느슨하게 놓고 그 옆에 가서 앉는 연습을 하고 있어요.

저는 사실 꽤 오랫동안 저를 막아서던 것이 '불안'인지 정확히 몰랐어요. 그냥 알 수 없는 무거운 느낌, 불편하고 불쾌한 감정 정도로만 생각했거든요. 그런데 그 감정을 분명하게 바라보는 연습을 통해 이 두루뭉술한 감정은 '불안'이구나 하고 이름을 붙일 수 있게 되었어요. 이름을 붙인 이후에는 그냥 막무가내로 당기던 줄을 스르르 놓아줄 수 있었습니다. 이름을 붙이는 건 단순한 일처럼 보이지만 한 가지 분명한 변화를 가져오더라고요. 나와 감정을 분리할 수 있게 되는 거예요. 이렇게 나와 감정이 분리되면 감정을 하나의 사건, 혹은 이벤트로 볼 수 있게 됩니다. 마치 영화관에 앉아 스크린 속에서 일어나는 영화의 한 장면을 바라보는 것처럼요. 나와 감정이 분리되지 않고 하나가 되면 관객석에 편안하게 앉아 있던 내가 어느새 스크린 속으로 빨려 들어가 스펙터클한 사건에 속수무책으로 휘말리게 됩니다.

 이렇게 감정에 이름을 붙이면 감정을 대상화할 수 있어요. 무언가에 이름을 붙인다는 건 꽤 다정한 일이잖아요. 꽃의 이름과 꽃말을 알고 꽃을 보면 그 의미가 더 깊어지는 것처럼요. '불편한 느낌'이라고 적힌 큰 상자를 하나하나 잘 뜯어서 그 안에 있는 감정의 진짜 이름을 발견했다면 "네가 불안이구나!" 하고 불러주세요. 이렇게 하니 비로소 저도 그 옆에 털썩 앉을 수 있게 되었어요.

· · ·

 평소에 불안이 촉발될 때 어떻게 대처하나요? 불안을 알아차리지 못하고 끌려다녔을 때는 어떤 일이 일어났나요? 그리고 만약 불안을 관찰할 수 있게 된다면 어떻게 될 것 같나요? 잠시 떠올려봅니다.

  우선 별다른 가이드 없이 "불안을 관찰해보세요"라는 말을 들으면 자연스럽게 나를 불안하게 만든 사건을 떠올리게 됩니다. '그때 이렇게 말했어야 했는데……', '만약 그 사람이 나에게 안 좋게 말하면 어떡하지?'처럼요. 혹시 불안이 촉발된 사건을 떠올릴수록 더 불안해지지 않았나요? 그래서 이번은 조금 다르게 시도해보려고 합니다. 불안을 몸의 감각으로 느껴보는 거예요. 모든 감정은 몸의 감각으로 나타납니다. 매우 화가 났을 때를 떠올려보세요. 얼굴이 붉어지고, 머리가 조이는 듯한 두통이 오며, 숨이 가빠졌던 기억이 나네요. 불안도 분명히 몸의 감각으로 나타나고 있어요. 저는 불안감이 느껴질 때 뒷목이 단단하게 굳으면서 가슴 중앙에 찌릿한 느낌이 들어요. 손도 차가워지고요.

  이렇게 감정을 감각으로 느끼는 연습을 하면 어떻게 다루어야 할지 모호했던 부분이 점점 더 분명해집니다. "불안을 어떻게 다루어야 하지?"라는 질문보다 "뻣뻣하게 굳은 뒷목을 어떻게 다루어야 하지?"라는 질문이 좀 더 쉽게 느껴집니다. 따뜻한 수건을 목 뒤에 대거나 마사지를 해볼 수도 있어요. "도대체 불안을 어떻게 다루어야 하지?"라는 질문을 내려놓고 "가슴 중앙의 찌릿한 느낌을 어떻게 다루어야 하지?"라고 질문하면 두 손을 가슴 위에 포개어 올려두고 위로를 전할 수도 있습니다. 앞에서 설명했던 바디스캔 연습을 기억하나요? 생각이 아닌 몸으로 돌아와서 몸의 감각을 느끼는 연습이었어요. 이번 연습도 불안에 대해 생각하는 것이 아니라 몸을 느끼는 연습입니다.

먼저 불안한 감정을 일으킨 사건을 잠시 떠올려볼 거예요. 그런 다음, 그 사건에 대해서 생각을 뻗어가지 않고 몸을 느껴봅니다. 나를 불안하게 하는 일을 떠올리는 것만으로도 몸에서 어떤 감각이 생겨나는데요, 그 감각을 있는 그대로 느껴봅니다. 어깨의 무거운 느낌, 손끝의 차가움, 마른 입술, 굳은 등, 갑자기 숨이 답답함……. '아, 이런 느낌이 바로 불안이구나' 하고 이름을 붙여봅니다. 천천히 숨을 들이마시고 내쉬면서 그 감각을 바꾸려고 하지 않고 있는 그대로 함께해봅니다. 그 감각에 대해 불쾌하다거나 불편하다고 즉시 판단하지 않고 중립적으로 이름을 붙여보세요. '무거움', '차가움', '건조함', '딱딱함', '막힌 느낌'……. 이렇게 그 감각을 밀어내지 않고 좀 더 함께해볼 수 있습니다.

 명상 실습을 시작하기 전에 두 가지 주의 사항을 꼭 확인해주세요. 먼저 불안을 일으킨 사건을 떠올릴 때 나를 압도하는 일이 아니라 비교적 가벼운 일을 선택해보세요. 연습 문제를 푼다는 기분으로요. 만약 1~10의 불안감이 있다고 하면 3~4 정도의 사건을 선택하는 것이 좋습니다.
 그다음에는 불안한 사건을 떠올리기 전에 반드시 5분에서 10분 이상 깊은 숨을 반복하면서 몸과 마음에 충분한 안정을 취한 후에 명상을 시작하세요. 바디스캔을 하고 이 실습을 이어서 하면 더 좋습니다. 이렇게 안정감 속에서 시작했어도 명상 중에 불안을 관찰하기 어려울 수 있습니다. 갑자기 숨이 심하게 가빠오거나 몸의 통증이 심해서 명상을 이어가기 어렵다는 판단이 들 때는 끝까지 하지 않아도 좋으니 깊은 숨으로 돌아와서 휴식합니다. 다음에 다시 해볼 수도 있어요. 그 선택권은 나에게 있다는 것을 꼭 기억합니다.

Doing!

불안 알아차리기

 QR 코드를 통해 음성을 들으며 명상을 따라해보세요. 온라인 이용이 어렵다면 글을 읽으며 천천히 따라가도 괜찮습니다. 상황에 맞게 편한 방법으로 시작해보세요.

QR CODE

편안하게 앉아봅니다.
지금 이 시간 내 몸이 가장 편안할 수 있도록 도와주세요.
손가락, 발가락에도 모두 힘을 빼봅니다.
이마 미간도 부드럽게 만들어주세요.
마지막으로 입안과 어금니의 긴장을 모두 내려놓습니다.

잠시 숨에 집중할게요.
들숨, 날숨.
배가 오르락내리락.

요즘 나를 힘들게 하는 일은 무엇인가요?
가만히 떠올려봅니다.

스트레스를 받게 하는 일, 상황, 사람들을
떠올렸을 때 어떤 감정이 올라오나요?
두려움인가요, 슬픔인가요?
분노, 불안, …… 내가 느끼는 감정에 이름을 붙여줍니다.
복합적인 감정이 느껴진다면 여러 가지 이름을 붙여봐도 좋아요.
'죄책감과 슬픔'
'분노와 불안'
"이렇게 느끼고 있구나, 이런 마음이 있구나!"
이렇게 나의 마음을 알아봐줍니다.

내 몸에서는 이 감정이 어떻게 느껴지나요?
가슴이 묵직하고,

숨이 가빠지고,
미간이 찌푸려지는 느낌이 들 수도 있습니다.
지금 우리는 감정을 몸의 느낌으로 경험하고 있습니다.
그 상황을 떠올리는 것만으로도 생각이 일어납니다.
쏟아지는 생각에서 다시 한번 한 발짝 물러나 봅니다.

마음이 마치 휘청이는 듯한 느낌이 든다면
숨을 의도적으로 조절해봅니다.
숨을 길게 들이마시고 다시 길게 내쉽니다.
나에게 말해주세요.
"괜찮아. 여기는 안전해."
원한다면 여기에 계속 머물러도 좋습니다.

자, 다시 한번 몸의 느낌에 관심을 둡니다.
지금 내 몸은 어떤가요?
어떻게 되어야 한다는 기대감이나
'좋다', '싫다'는 판단 없이 호기심으로 바라봅니다.
불안하다는 감정이 몸에서 어떻게 느껴지는지 살펴봅니다.
머리가 아니라 몸으로 느껴봅니다.

감각이 어떻게 변화하나요?
감각이 넓은 범위에 걸쳐 있나요?
좁은 범위에서 느껴지나요?
점점 줄어드나요? 아니면 강해지나요?
그대로인가요?

두 손을 가슴 위에 올려봅니다.
나에게 이렇게 물어보세요.
"이 느낌과 잠시 함께 있어볼 수 있어?"
"이 느낌과 잠시 함께 있어볼까?"

손의 온기에서 오는 따뜻한 돌봄의 느낌에 머무릅니다.

지금 내 몸 전체의 느낌은 어떤가요?
손을 편안한 곳으로 내리고 숨을 한 번 크게 들이마시고 내쉽니다.
다시 한 번 숨을 크게 들이마시고 내쉬세요.

정말 잘하셨어요.
준비가 되었을 때 눈을 뜹니다.

불안 받아들이기

 불안 혹은 불쾌한 감정이 느껴질 때 우리는 다양한 행동을 취합니다. 나도 모르게 하는 행동일 수도 있고, 무언가 다르게 해보고 싶은데 방법을 몰라서 습관이 나오는 것일 수도 있는데요, 이런 행동을 '자동 반응reactivity'이라고 합니다.

 다음 페이지의 그림은 불안을 느낄 때 우리가 자주하는 행동을 보여줍니다. 중앙에 있는 원은 불안을 느낄 때의 생각, 감각, 감정을 나누어서 적은 것입니다. 술 마시기, 과수면, 유튜브 추천 영상이나 숏츠 해 뜰 때까지 보기, 치킨 배달시켜서 먹기, 디저트 먹기, 무조건 참기, 쇼핑하기……. 이 중 몇 개는 얼마 전에도 제가 써먹었던 거라 정말 생생한 예시네요. 허허.

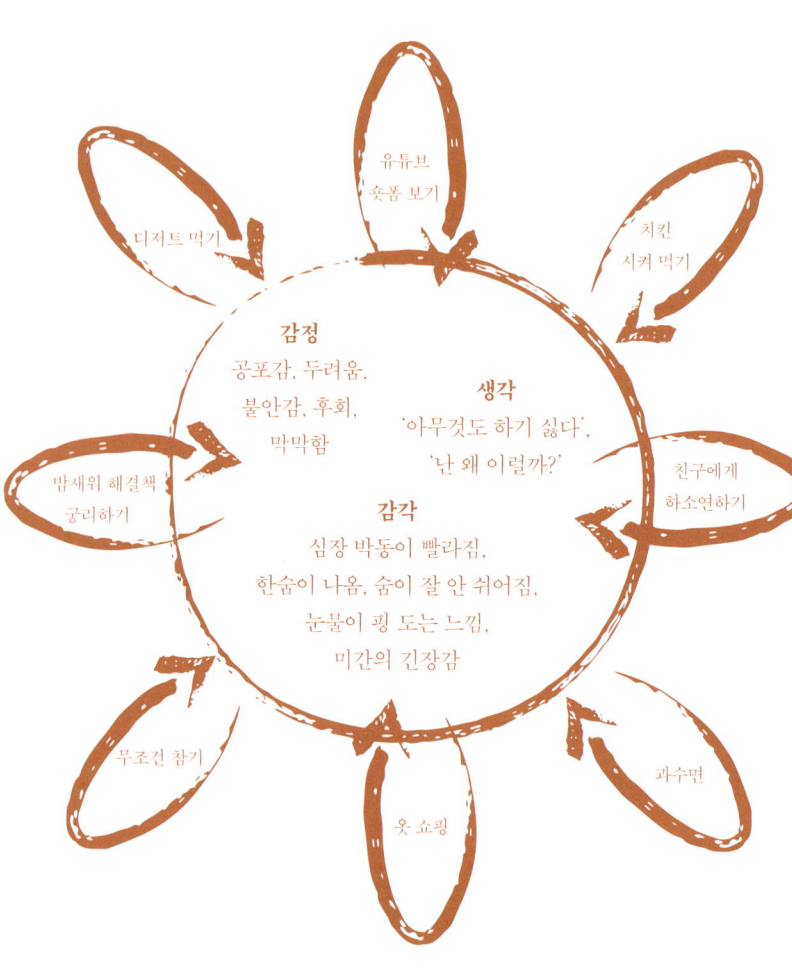

▲ 불안에 대한 나의 자동 반응 지도

"아니, 저런 행동이 어느 정도는 도움이 되지 않나요? 나쁜 것만은 아닌 것 같아요."

네, 맞아요, 물론 도움이 됩니다. 압도되는 감정에서 잠시 빠져나와 쉴 수 있으므로 일시적으로 도움이 되기도 합니다. 하지만 적절하게 다루어지지 않은 불안감, 불편한 느낌, 불쾌감은 여전히 그 자리에 남아 있습니다. 치킨을 다 먹고 나면, 유튜브 숏츠를 다 보고 나면, 쇼핑을 하고 나면…… 이런 안 좋은 감정이 다시 찾아옵니다. 다시 돌아와요. 그림의 화살표를 보면 원 바깥쪽을 향했다가 다시 원으로 돌아온 것을 볼 수 있어요. 마치 꽃잎 모양이어서 우리는 이 지도를 '꽃', 더 정확하게는 '악의 꽃 vicious flower'이라고 부릅니다. 이름이 다소 무시무시하게 들리네요. 나는 몇 개의 잎을 가졌나요?

이제 우리는 불안감, 불편한 느낌, 불쾌감 그 자체를 따뜻하게 알아차리는 수련을 연습해보려고 합니다. 그동안 싸우거나(감정에 휩싸인 채로 문제를 해결해보려고 애쓰는 것) 도망가는, 이렇게 두 가지 길밖에 없었지만 고통스러운 느낌과 '함께하는' 연습을 통해 제3의 길을 내보려고 합니다.

"고통은 피해야 하는 것 아닌가요? 고통과 함께한다는 게 잘 이해가 안 돼요."

'악의 꽃' 그림을 보면 고통을 피하는 게 더 나은 길이 아니라는 것을 알 수 있어요. 고통과 '함께하기'는 물론 처음에는 힘이 듭니다. 가보지 않은 길이라서 돌도 많고, 풀도 무성하게 자라 있거든요. 쇼핑이나 잠자기를 선택하는 것은 자주 가본 길이라 잘 닦여진 고속도로와 같습니다. 지금 가려는 이 길은 심지어 길처럼 보이지 않을 수도 있어요. '길이 있는 거야?', '갈 수 있는 거야?' 혹은 '가고 싶지 않다'는 마음이 들 수도 있어요. 그래서 '수련(修鍊)'이라고 말하고 싶습니다. '쇠를 불리고 달군다'는 뜻의 '련'은 그 과정이 무겁고 힘들기도 하지만, 결국 나에게 꼭 필요한 연장이나 도구를 만들 수 있잖아요. 그 연장으로 땅을 일구고 풍성하게 농사를 지을 수도 있고요. 그러니 의심이 드는 마음도, 회피하고 싶은 마음도 이 길에 함께 데리고 가보도록 해요.

• • •

우리는 감정을 감각으로 느끼는 연습을 하고 있어요.

실제로 불안감이 올라오면 신체에 변화가 생겨요. 저는 불안을 느낄 때 입술이 간질간질해져서 계속 깨물게 되고 손발이 차가워져요. 턱에 강하게 힘을 주기도 하고 심장 박동도 빨라집니다. 몸의 어느 부위에 감정이 일어났는지 알아차리는 이런 '신체적 자각'은 정서 조절에 도움이 됩니다. 감정은 신경학적 요소, 생리학적 요소, 근육과 호르몬 등의 네트워크이기 때문입니다. 이 개념이 반대로 작용하기도 하는데요, 이 중 한 가지라도 변화를 일으키면 네트워크 전체에 영향을 주기도 해요. 재미있는 공식이 하나 있습니다.

실제 일어난 고통×저항=내가 느끼는 고통

실제 일어난 불안감이 1이라고 했을 때, 단적인 예로 입술을 물어뜯고 턱에 힘을 주면서 이 감정을 밀어내려고 하는 무의식적인 행동은 2의 저항이 됩니다. 그래서 결국 제가 느끼는 고통은 2가 됩니다. 실제 일어난 불안감의 2배가 돼버렸네요. 단순히 행동의 개수가 저항의 수가 되는 것은 아니며, 하나의 저항 행동이 매우 무겁고 클 수도 있습니다. 이번에 우리는 이 저항을 최소한으로 낮추는 연습을 해볼 거예요. 10을 9로, 8로, 7, 6, 5, …… 천천히 저항을 내려놓고 불안감의 크기와 무게를 있는 그대로 만나보려고 합니다. 함께 수련하는 분이 불안을 있는 그대로 만난 후 해주신 말씀입니다.

"제 생각 속에서는 불안이 정말 크고 무서웠는데요, 실제로는 제가 생각했던 것보다 크지 않았어요. 생각보다 괜찮았어요."

지난번에는 '불안 알아차림'을 통해 불안감을 몸으로 느껴보는 연습을 해봤는데요, 알아차림 그다음은 '받아들임'입니다. 마음챙김과 마찬가지로 명상의 양날개는 '알아차림'과 '받아들임'입니다. 받아들여야 한다는 것을 알면서도 말처럼 쉽게 되지는 않아요. 그래서 단순한 연습을 해보려고 합니다. 불안에 "YES"라고 말하는 연습입니다. 불안이 일어나면 "안 돼!(No)"라거나 "불안은 사라져야 해!(No), 없어져야 해!(No)"라고 말하는 대신, "불안아, 거기에 있어도 돼(Yes)", "이렇게 느껴도 괜찮아(Yes)"라고 이야기해줄 거예요. 조금 생소하죠?

"Yes!"라고 말하는 게 잘 안 될 때 저는 어느 인자한 할머니의 얼굴을 떠올려요. 할머니가 우는 아이를 포대기에 감싸안고 둥개둥개하는 장면을 떠올립니다. 아이가 왜 우는지 그 이유를 잘 알아들을 수는 없지만, 그래도 다정하게 그 아이를 안고 어르는 모습을 상상해요. 할머니가 그렇게 하는 이유는 아이가 얼른 울음을 그치기를 바라서가 아닐 거예요. 아이가 우니까 다정한 품을 내어줄 뿐이죠. 내 마음이 불안할 때는 이렇게 따뜻한 할머니의 얼굴을 떠올려보아도 좋을 것 같아요.

"불안아, 거기에 있어도 돼."
"불안아, 그렇게 느껴도 돼."

'Yes'를 의미하는 다양한 표현은 스스로에게 다가오는 것을 선택해도 되고 적당한 표현을 만들어도 좋아요. 자, 그러면 시작해볼까요?

Doing!

불안 받아들이기

  QR 코드를 통해 음성을 들으며 명상을 따라해보세요. 온라인 이용이 어렵다면 글을 읽으며 천천히 따라가도 괜찮습니다. 상황에 맞게 편한 방법으로 시작해보세요.

QR CODE

시작하기 전에 잠시 주변 소리를 들어봅니다.
어떤 냄새가 나는지도 맡아봅니다.
열심히 산을 오르다가 고개를 들어서 양옆에 있는 나무도 한번 쳐다보고
내가 걸어온 길도 돌아보면서 숨을 고를 때 참 좋잖아요.
'맞다. 내가 이런 곳에 있었지!' 하고 이곳저곳을 잠시 둘러보세요.
앞으로 내 마음을 이렇게 새삼스럽게 둘러볼 겁니다.

원한다면 눈을 감아볼게요.
바깥쪽을 향해 있던 시선을 내 안으로,
내 몸 전체를 연필로 스케치하듯이 천천히 느껴봅니다.
머리에서 발끝까지
오늘 내 컨디션은 어떤가요?
몸이 좀 무거운지 가벼운지,
어디 불편하거나 아픈 곳은 없는지,
경직되어 있는지 부드럽게 이완되어 있는지
찬찬히 살펴봅니다.
바꾸려고 하기보다는 있는 그대로 느껴보세요.
'몸이 이런 컨디션이구나'라고 알면 됩니다.
그뿐입니다.

오늘 내 마음은 어떤가요?
내 마음에서 한두 걸음 뒤로 물러서서 바라봅니다.
지금 나는 편안한가요, 불안한가요?
그 느낌이 얼마나 명확한지도 느껴봅니다.
잘 모르겠더라도 괜찮아요.

내가 할 수 있는 만큼만 하면 됩니다.
천천히 나아갈 거에요.
활기찬가요, 우울한가요?
여유로운가요, 짜증스럽나요?
감사한가요, 불만족스럽나요?
내 마음을 날씨로 표현해볼게요.
내 마음은 오늘 맑은가요?
산들바람이 불 수도 있고 안개가 잔뜩 껴서 혼란스러울 수도 있습니다.
내 마음의 날씨는 좀 어떤가요?
마음속으로 스스로에게 이렇게 말해줍니다.

"이렇게 느껴도 괜찮아.
이렇게 느껴도 괜찮아.
이렇게 느껴도 괜찮아.
마음에는 옳고 그름이 없어.
이렇게 느껴도 괜찮아.
이렇게 느낄 수 있어.
여러 가지 감정 중 하나일 뿐 이 감정이 나의 전부는 아니야."

비가 오고 있어도 저 구름 뒤에는
늘 넓고 파란 하늘이 있다는 것을 잊지 말기를.
그리고 숨을 깊게 들이마시고 시원하게 비워냅니다.

천천히 눈을 떠보겠습니다.

호기심 갖고 물어보기

 사랑하는 사람에게 줄 수 있는 최고의 선물은 무엇일까요? 비싼 물건? 고급 레스토랑에서의 식사? 그것보다 더 값진 선물은 그 사람과 진정으로 함께 있는 것 아닐까요? 고급 레스토랑에서 마주앉아 식사를 한다고 해도 다른 생각을 하거나 핸드폰만 보고 있다면 진정으로 함께 있다고 말할 수 없을 거예요.

 갑자기 이런 이야기를 왜 하느냐고요? 불안을 잘 다스리는 방법도 비슷하거든요. 나를 도와주기 위해 찾아온 불안을 본척만척하거나, 다른 곳으로 계속 도망가거나, 다시는 찾아오지 말라면서 어깨를 확 밀어버린다면 불안은 더 큰 불안이 되어 다시 돌아오기도 합니다. 분노나 무기력함으로 번질 수도 있고요. 불안을 다스리는 최고의 방법은 진정으로 그 불안과 함께 있어주는 거예요.

이번에는 '따뜻하고 다정하게' 주의를 기울이는 연습을 해보려고 합니다. 주의를 기울이는 게 명상의 전부일까요? 그동안 '불안'이라는 감정에 주의를 기울이면서 가슴 중앙이 뻐근해질 때 이러한 몸의 느낌에 주의를 기울이는 연습을 해봤는데요, 그때 나의 주의는 따뜻했나요? 아니면 좀 차가웠나요? 도둑이 누군가의 물건을 훔칠 때도 주의를 기울입니다. 굉장히 집중하기도 하고요. 그러면 도둑도 명상을 하고 있는 걸까요? 아니겠죠. 도둑이 기울이는 주의는 매우 날카롭고 차갑습니다. 따뜻함이나 친절함과는 거리가 멀어요.

그동안 불안 알아차림과 받아들임을 연습하면서 불안에 기울였던 내 주의의 '온도'가 어땠는지 잠시 회상해봅니다. '불안이 사라졌으면 좋겠어. 없어졌으면 좋겠어'라는 마음을 품은 주의는 따뜻해지기가 어렵습니다. 친한 친구가 힘들어할 때 나는 그 친구에게 어떤 표정과 말투로 위로하는지 떠올려보세요. 진심으로 들어주고 도와줄 수 있다면 기꺼이 도와주려고 합니다. 손을 잡아주기도 하고 따뜻하게 안아주면서 위로해줄 거예요. 바로 그 따스함을 이번 명상에 적용해보세요. 이렇게 친절하고 따뜻하게 대하는 것이 머리로는 이해가 되지만요, 실제로 불안을 만났을 때는 그렇게 해주기가 참 힘들죠. 괜찮아요. 천천히 한걸음씩 연습하면 됩니다. 수용에는 다음 다섯 단계가 있어요.

- **1단계**: 저항
- **2단계**: 탐색
- **3단계**: 인내
- **4단계**: 허용
- **5단계**: 친구 되기

내 집 문을 쾅쾅 두드리는 낯선 사람이 있다고 가정해 봅시다. 우리는 쉽게 문을 열어주지 않을 겁니다. 오히려 문을 막고 단단히 걸어 잠그면서 저리 가라고 소리칠 겁니다. '저항'하는 단계예요. 두 번째는 문에 난 작은 틈으로 누가 왔는지 살펴봐요. 호기심을 갖고 '탐색'합니다. 불안감이나 불편함으로 향할 수 있는 용기가 생기는 단계에요. 세 번째는 우선 문을 열어줍니다. 그렇지만 현관 정도까지만 들어오게 해요. 집에 잠시 들른 택배 기사님 정도가 될까요? 아직 신발 벗고 들어와도 괜찮은 사이는 아닙니다. 안전하게 견디면서 침착하게 함께 있을 수 있도록 '인내'하는 단계입니다. 네 번째, 이제 집 안에 들어오게 합니다. 기다렸던 손님이 도착한 것처럼 맞이하고 찾아온 손님이 집 안 이곳저곳을 돌아다닐 수 있게 두어요. 내면의 불안한 감정이 오고 가도록 내버려두는 '허용' 단계입니다. 마지막 다섯 번째는 친구가 되는 단계입니다. 손님과 마주 앉아서 손님이 하는 이야기를 충분히 들어줍니다. '이 힘든 일, 힘든 감정에서 무엇을 배울 수 있을까?' 하고 불안이라는 감정에서 가치를 발견하는 '친구 되기' 단계입니다. 나는 불안에 대해 어디쯤 와 있는 것 같나요?

• • •

잠깐 상상력을 발휘해보세요. 지하철역에서 나왔는데 한 아이가 혼자서 엉엉 울고 있어요. 마치 나를 보면서 도와달라고 하는 것 같기도 한데요. 어떻게 하고 싶은가요? 저라면 아마도 아이에게 다가가서 말을 걸었을 것 같아요. "아이구, 괜찮아, 괜찮아. 왜 여기서 혼자 울고 있니? 엄마 아빠는 어디에 계시니?" 부드럽고 따뜻한 목소리로 달래주며 아이에게 물어볼 것 같아요. 아이가 대답을 잘할 수도, 못할 수도 있지만 아이가 좀 편안해질 때까지 기다려줄 수도 있을 것 같아요.

 나를 찾아온 불안을 지하철역 앞에서 혼자 울고 있는 아이라고 생각해보세요. 평소에는 불안을 모른 체하고 지나갔을 수도 있지만, 이제는 불안에 다가가는 연습을 해보는 겁니다. 먼저 아이의 키만큼 몸을 낮추고 눈을 보면서 이렇게 물어봅니다.

 "불안아, 괜찮아. 이제 내가 너를 위해 여기에 있어. 내가 너를 도와줄게. 무엇을 원하니? 내가 어떻게 너를 도울 수 있을까?"

 이렇게 따뜻한 어조로 반복해서 물어봅니다. 정말로 도와주고 싶은 마음으로 물어봅니다. 이것은 나와 불안이 대화하는 첫 장면입니다. 불안이 대답을 할 수도, 못할 수도 있고 아예 안 할 수도 있어요. 괜찮아요. 대답을 듣는 것보다 중요한 것은 내가 물어봤다는 겁니다. 불안에게 다가서서 다정한 목소리로 불안에게 말을 걸었다는 것이 중요해요. 불안이 나타나면 압도되거나 휩쓸리지 않고 불안과 이렇게 마주 앉아서 대화할 수도 있고 물어볼 수도 있습니다.

 저는 이 명상을 연습하면서 많이 울었어요. 그동안 한 번도 불안에게 물어본 적이 없다는 사실을 깨달았거든요. 불안이 찾아올 때마다 문을 쾅 닫고 걸어 잠그기 바빴거든요. 그런데 이렇게 천천히 불안에게 문을 열어주고, 또 궁금해하면서 물어보고 대화할 수 있다는 것을 배우고 나니 불안이 덜 무서워졌어요.

 '모든 감정은 타당하다'는 말이 있습니다. 어떤 감정이 촉발되는 것은 나를 보호하기 위해서라고 해요. 강하게 분노해야 나를 지킬 수 있는 환경도 만들 수 있고 어느 정도 불안감을 가지고 있어야 혹시 모를 위험에 대비할 수 있잖아요. 다만 그 감정을 내가 지혜롭게 조절하지 못하면 오히려 감정이 나를 휘두르게 될 때가 많습니다.

 "이 감정이 나에게 어떤 이야기를 하려고 나타났을까? 나의 어떤 지점을 도와주려고 나타난 걸까?"

 이렇게 호기심을 가지고 물어보세요. 그 감정이 나를

도와주려고 나타났다는 사실을 이해하면 부정적인 감정도 밉지만은 않습니다. 따뜻한 찻잔을 한 잔씩 들고 천천히 불안과 대화를 시작해볼까요? 단 몇 초여도 괜찮아요.

"넘버 식스, 너 프리다이버야?"

"응."

"얼마 동안 숨 참을 수 있어?"

"6분!"

"인간이 그게 가능해?"

"응, 천천히 1초씩 늘리다보면 누구에게나 그런 날이 와."

- 김선영,《삶이 나를 어디로 데려가든》, 정신세계사

Doing!
호기심 갖고 물어보기

  QR 코드를 통해 음성을 들으며 명상을 따라해보세요. 온라인 이용이 어렵다면 글을 읽으며 천천히 따라가도 괜찮습니다. 상황에 맞게 편한 방법으로 시작해보세요.

QR CODE

준비가 되면 눈을 감아볼게요.
눈을 감으면 새로운 게 또 보이죠.
내 몸에 들어간 힘들.
불필요한 긴장이 들어가 있다면 모두 풀어보세요.
목, 어깨, 복부.
숨을 깊이 들이쉬고 내쉬면서
긴장을 내려놓아 봅니다.
약간씩 움직이며 스트레칭해주어도 좋습니다.
이마와 미간도 찌푸리지 말고
부드럽게, 부드럽게 해봅니다.

일상 속에서 크고 작은 어려움을 만나죠.
관계 속에서 오해가 빚어지기도 하고,
의도치 않게 말 한마디에 상처를 입거나 입히기도 하며,
바쁜데 일이 뜻대로 되지 않는 날도 있죠.

요즘 나의 상황과 주변을 둘러보고
내 일상 속의 크고 작은 어려움을 우두커니 바라봅니다.
어려움을 겪고 있는 나를 보며 다정하게 물어봅니다.

"내가 나를 어떻게 도울 수 있을까?"
대답을 기대하지 않고
그저 친절하게 나에게 계속해서 말을 건네봅니다.

"너를 어떻게 도울 수 있을까?"
대답이 돌아온다면 돌아오는 대로
그 대답이 옳다, 그르다 판단하지 않고
있는 그대로 들어봅니다.

대답이 돌아오지 않는다면
나의 눈을 마주한다고 상상하고
친절하게 계속 내 옆에 앉아 있어봅니다.
"너를 어떻게 도울 수 있을까?"

내가 바꿀 수 없는 것을 바꾸려고 애쓰고 있다면
바꿀 수 없다는 것을 받아들일 수 있기를.
바꿔야 하는 것이라면 바꿀 용기를 낼 수 있기를.
바꿀 수 없는 것과 바꿀 수 있는 것을 구분할 수 있기를.
지금 나에게 필요한 건 무엇인지 스스로 물어봅니다.

받아들임인지, 용기인지, 지혜인지 물어보세요.
나는 당장 어떤 행동을 할 수 있을까요?
내가 나를 도와주려는 마음을 내어주는 것으로 충분해요.

이제 두 손을 가슴 위에 포개어 올려볼게요.
두 손으로 가슴을 살짝 누르면서 무게감이 느껴지도록 해보세요.
내 손의 무게감을 충분히 느껴봅니다.
숨에 따라 가슴이 오르락내리락하는 리듬을 느껴봅니다.

그 누구보다 나부터 나를 도울 수 있다는 것을 꼭 기억하길,
나에게 돌아온 대답이 있다면 행동으로 옮겨보길 바랍니다.

준비가 되면 천천히 눈을 뜹니다.

따뜻하게 품어주기

 우리는 오랜 시간 학교에서 '문제 해결 전략'을 배웠습니다. 문제가 생기면 해결하려고 애쓰는 거죠. 대표적인 문제 해결 전략은 두 가지가 있는데요, 첫 번째는 회피 전략입니다. 모른 척하거나 없는 척하면서 아예 다른 곳으로 주의를 돌리는 거예요. 두 번째는 해결책에 완전히 골몰하는 것입니다. 감정에 끌려다니는 상태로 해결책에 몰두하게 되면 문제가 풀리기보다는 더욱 복잡해지는 경우가 많습니다. 저는 이것을 '빠져나갈 수 없는, 풀리지 않는 엉킨 실타래'라고 표현하고 싶어요. 계속해서 문제를 곱씹으면 해결책을 낼 수 있을 것처럼 보일 때도 있지만, 사실은 속임수입니다.

 이 책에서 함께 시도하고 있는 것은 학교나 회사에서

배운 문제 해결 전략과는 완전히 달라요. 심지어 정반대죠. 우리는 문제(힘든 감정, 불안)가 발생했을 때 문제에 달려들어서 해결하려고 하지 않습니다. 문제가 일어났으면 일어난 대로 그저 허락하고, 그대로 둡니다. 그런 다음, 그 문제와 단지 함께 있는 거에요. 하하. 참 이상하게 느껴지죠?

"문제가 생겼으면 해결을 하거나, 아니면 적어도 피해야 하는 거 아닌가요?"

196쪽에서 다룬 '악의 꽃'을 기억하시나요? 우리는 피하거나 달려드는 게 더 나은 길이 아니라는 것을 알게 되었어요. 그래서 세 번째 전략을 써보려고 해요. 문제, 힘든 감정, 즉 불안 그 자체를 따뜻하게 알아차리고 함께하는 전략입니다.

여기까지 차근차근 계속 연습해오면서, 불안이 올라왔을 때 그 불안을 알아차리는 것까지는 경험할 수 있었을 거에요. '그래, 나 지금 불안하네. 불안함이 느껴지네. 심장이 빨리 뛰고 어깨에 힘이 들어가 있어' 하고요. 불안이 느껴진다는 걸 알아차렸다고 해도, 그 태도가 날카로울 수도 있고 부드러울 수도 있어요. 불안을 알아차릴 때도 '빨리 사라져라. 다 없어져라'라고 생각했다면 그 알아차림은 냉담합니다. 전혀 친절하지 않아요. 이번에는 알아차림 속에 따뜻함을 한 방울 떨어뜨리는 연습을 해보려고 합니다.

・・・

난폭한 고릴라를 연구하는 데 성공한 세계적인 과학자가 있었습니다. 여러 과학자들이 연구를 위해 고릴라 서식지에 들어가 함께 생활하기를 시도했지만, 모두 포기한 후였습니다. 마침내 연구를 마친 과학자가 고릴라 서식지에서 나오는 날, 그를 인터뷰하기 위해 수많은 기자가 모였어요. "도대체 어떻게 그 난폭한 고릴라와 함께 생활할 수 있었던 겁니까? 모두가 위험하다고 하면서 포기했던 그 연구를 성공할 수 있었던 비결은 무엇입니까?" 기자들이 앞다투어 질문을 던졌는데, 과학자는 단 한마디로 답했습니다.

"저는 총을 가지고 가지 않았습니다."

그동안 불안에 다가서는 연습을 할 때마다, 혹시 나도 모르게 총을 가지고 갔는지 돌아보게 되는 말이었어요. 총을 아예 안 가지고 갔다고 말할 수 없더라고요. 보이지는 않지만 뒷주머니에 총을 찔러 넣고 불안이 공격해오면 언제든지 싸울 준비를 하고 있었던 것 같아요. 그때부터는 불안을 만날 때 무장 해제부터 하는 연습을 했습니다. 다정한 마음을 내어보려고 했어요.

머리 아픈 문제나 불편감, 고통을 향해 따뜻함, 다정함, 친절함을 건넨다는 게 처음에는 많이 어려웠어요. 그런데 문득 '나는 친구를 어떻게 대하지?'라는 시선으로 생각해보니까 시도해볼 수 있겠더라고요. '친한 친구가 어려움에 처했을 때 나는 그를 어떻게 대하지?' 이렇게 생각해보니 따뜻한 표정으로 친구의 이야기를 충분히 들어주고 안아줄 것 같았습니다. 그런데 안타깝게도 정작 저 자신의 어려움 앞에서는 조급해하며 빨리 여기서 탈출하려고 애쓰거나 허둥지둥하면서 회피할 때가 많았어요.

나 자신과 친구를 대하는 차이를 체감하면서, 저에게도 사랑과 친절을 전할 수 있는 능력이 있다는 걸 알게 되었어요. 사실 이 능력은 우리 모두에게 있어요. 어려움에 처한 친구를 안아주듯이 나를 안아주세요. 그거면 됩니다.

・・・

'감정은 내가 아니다'라는 사실을 마음에 품으세요. 힘든 감정을 피하지 않고 마음의 공간을 넓혀서 가만히 다가서는 연습을 하세요. 이 연습을 해본 분들의 이야기를 들어보면 대부분 "불안을 있는 그대로 만나보니까 생각했던 것보다 크지 않았다"고 말합니다. 우리의 생각 속에서는 불안이 어마어마하게 크게 느껴지고, 가까이 다가가기만 해도 압도될 것 같아 지레 겁먹기 쉽지만 실제로는 그렇지 않아요.

본격적으로 실습을 시작하기 전에, 먼저 내 안에 커다란 공간이 있다는 것을 기억하고 또 느껴볼 수 있으면 좋겠어요. 불안이 파도라면 나는 바다입니다. 바다는 파도를 탓하지 않죠. 바다는 파도가 그저 일어났다가 또 흩어지는 것을 그냥 바라봅니다. 파도가 빨리 사라지기를 바라지도 않고, 파도가 다시는 일어나지 않기를 바라지도 않습니다. 아무리 높은 파도가 쳐도 바다는 큰 영향을 받지 않습니다. 파도가 바다의 전부가 아니기 때문입니다. 파도는 바다의 일부분입니다. 힘든 감정, 불안감이나 두려움도 일시적인 파도입니다. 나는 그보다 더 크고 넓은 바다 같은 존재예요.

  앞에서 들었던 예시를 다시 떠올려볼까요? 불안이 구름이라면 나는 하늘입니다. 먹구름이 잔뜩 끼었다고 해서 하늘이 파란색이 아니라고 말하는 사람은 없습니다. 잠시 구름에 가려 하늘이 안 보일 뿐입니다. 구름은 모였다가 또 흩어지면서 사라집니다. 하늘은 구름이 있다고 탓하지 않고 구름을 없애버리려고 애쓰지 않습니다. 하늘은 구름이 그저 거기에 있을 수 있도록 허락합니다. 그렇게 할 수 있는 이유는 구름이 하늘의 일부분이기 때문이에요. 구름이 하늘이 아니기 때문입니다. 하늘은 몇 개의 구름보다 더 크고 넓은 곳입니다. 우리 안에도 그런 공간이 있어요. 감정이 결코 내가 아니라는 것을 느껴봅니다. 감정은 나의 일부일 뿐이에요.

Doing!
따뜻하게 품어주기

QR 코드를 통해 음성을 들으며 명상을 따라해보세요. 온라인 이용이 어렵다면 글을 읽으며 천천히 따라가도 괜찮습니다. 상황에 맞게 편한 방법으로 시작해보세요.

QR CODE

준비되었다면 스르르 눈을 감습니다.
바깥쪽을 향해 있던 시선을 내 안으로 가져옵니다.
숨을 한 번 크게 들이마셨다가 입으로 시원하게 비워냅니다.

이마에 잠시 손을 대어봅니다.
머리가 시끄러운가요, 조용한가요?
이마의 온도를 느껴봅니다.

이제 손을 편안한 곳에 두고 배의 느낌에 주의를 둡니다.
머릿속에서 이리저리 흔들리는 동안
배는 늘 묵묵하게 버텨주는 나의 뿌리죠.
숨에 따라 오르락내리락, 고요한 흔들림, 들숨 날숨.

배에서 잔잔히 느껴지는 숨,
느리면 느린 대로, 빠르면 빠른 대로 있는 그대로 느껴봅니다.

문득 내 삶의 아름다웠던 순간을 떠올려봅니다.
그때 나의 표정은 어땠을지 나의 행복한 미소를 상상하면서
마음속으로 이렇게 말해봅니다.

"내가 행복하기를,
내가 행복하기를.
내가 편안하기를,
내가 편안하기를."

판단하는 생각이나 까다로운 감정이 떠오르면
그것들이 나를 지나쳐가도록 내버려두세요.
친절한 마음으로 놓아 보냅니다.
스스로가 편안하고 행복하길 바라는 마음을 내어봅니다.

"내가 행복하기를, 내가 행복하기를.
내가 편안하기를, 내가 편안하기를."

지금 내 몸에는 어떤 울림이 퍼져나가고 있나요?
나를 향한 애틋한 마음에도 자꾸 관심을 갖고 들여다보세요.
관심을 줄수록 내 마음이 조금씩 자라난답니다.

한 번 더 나의 뿌리, 배를 느껴보세요.
숨에 따라 느껴지는 배의 잔잔한 울림.
이번에는 일부러 숨을 깊이 들이마셨다가
천천히 입으로 내쉬어봅니다.

정말 잘하셨습니다.
천천히 눈을 떠볼게요.

Epilogue
부드럽게 다시 시작하기

 어느새 이 책의 마지막 장이네요. 여기까지 오시는 길이 어떠셨나요? 구불구불했나요, 생각지도 못한 돌부리에 걸려 넘어지기도 했나요, 아니면 생각보다 괜찮았나요? 용기내어 걸어온 이 길을 한번 돌아보세요. 불안과 싸우지 않고 불안을 모르는 척하지 않고, 불안과 기꺼이 함께하며 걸어온 이 길을요. 어디든 처음 가보는 길은 헤매기 마련이지만, 여러 번 찾아갈수록 익숙해지잖아요. 불안과 함께하는 이 길도 계속 가다보면 편안하게 느껴질 거예요. 그러니 이 길을 자주 찾아주세요.

 겉으로 봤을 때는 달라진 게 없어 보일지도 모릅니다. 몸을 움직이는 다른 운동처럼 땀이 쫙 흐르거나 근육이 불끈 생기는 게 눈에 보이지는 않으니까요. 하지만 지금 우리 뇌에는 분명히 새로운 길이 생겼어요. 감정의 폭풍을 일으키는 편도체가 활성화될 때를 알아차리고, 전전두엽을 깨워 그 폭풍을 가라앉힐 수 있게 되었거든요. 뇌에서는 혁명이 일어난 거죠! 이 책을 펼쳤을 때의 나와 마지막 장에 다다른 나는 분명히 다른 사람이 되었습니다.

"변화했다고? 근데 왜 나는 아직도 불안한 거지? 책을 다시 처음부터 읽어야 하나?"

 불안을 다루는 것은 야생동물 한 마리를 길들이는 것과 비슷해요. 어떤 날은 말을 잘 알아듣는 것 같다가도 또 어떤 날은 마구 날뜁니다. 앉으라고 해도 앉지 않고 기다리라고 해도 기다리지 않아요. 훈련이 쉽지만은 않습니다. 한 번에 될 수도 없고요. 불안 다루기 연습도 마찬가지입니다. 책 한 권으로, 명상 한 번으로, 1달 만에, 1년 만에 '뿅!' 하고 훈련이 완성되지 않아요. 하지만 우리는 언제든 훈련을 다시 시작할 수 있어요. 어느 유능한 강아지 훈련사님이 아기 강아지를 훈련시킬 때 100% 성공하는 비법을 이렇게 말씀하시더군요.

"화내지 않고, 다시 시작하기."

 불안을 다스리는 것도 이와 비슷합니다. '책도 읽고 명상도 하는데 왜 안 되지?'라고 자책하기를 멈추고 '다시 해볼까?'라고 나에게 부드럽게 얘기해보세요. '그래, 다시 해보자.' 하며 조급해하지 않고 부드럽게 다시 시작하는 거예요. 마음속 한 켠에 늘 자리하고 있는 문구가 있습니다. 'Just begin again!' 다시 시작할 수만 있다면 실패는 없더라고요.

마지막으로 심화 과제를 하나 드리고 싶어요. 명상하는 시간과 삶을 구분하지 않는 연습을 해보세요. '명상은 명상이고, 삶은 삶이다'가 아니라 불안 다루기를 연습하며 배운 것을 나의 삶의 현장에서 실천해보는 거예요. 압박감이 심한 프로젝트를 맡았을 때, 관계 갈등이 발생했을 때, 중요한 시험을 앞뒀을 때, 열심히 하는데도 손에 잡히는 게 없다고 느낄 때, 외로운 사투 중인 것 같을 때, 어떻게 살아야 할지 막막할 때, 불안감이 엄습해올 때…… 그럴 때 숨을 한번 쉬어보세요. 그리고 이 책에서 배운 대로 부드럽게 대해보세요.

다음에 우리가 어디선가 마주친다면 꼭 들려주세요. 심화 훈련의 결과를요! 명상이 단순 취미 활동이나 이벤트가 아니라 삶을 더 잘 살아가기 위한 운동이라는 걸 기억

한다면, 우리는 이 길을 계속 걸어나갈 수 있어요. 함께 걸어갈 소중한 동반자가 한 명 더 생겨서 무척 기쁩니다. 거기에 있어주셔서 정말 고마워요!

Story of Crew
함께 걸어온 분들의 이야기

"불쑥불쑥 찾아오던 자책감이 줄어들었어요."
저는 자책감을 쉽게 느끼는 사람이었어요. 사회생활에서의 실수나 성과가 좋지 않았던 일부터, 귀찮아서 운동하려는 결심을 미룬 사소한 일까지 자책감이 불쑥불쑥 찾아오곤 했죠. 수련 전에는 자책감에 속절없이 휩쓸려 어떤 책임을 보상하는 마음으로 과로를 하거나 스스로가 '생산적'이라고 느끼는 일에 집착했어요. 물론 그렇게 행동한다고 해서 실패한 일이 성공한 일로 바뀌거나, 운동을 미루었던 사실이 사라지는 것은 아니었습니다. 수련은 세상을 바꾸지 않으면서도 바꿉니다. 저는 지난 일의 결과를 바꿀 수는 없었지만, 과거에서 제 힘으로 바꿀 수 있는 것과 없는 것이 무엇인지 구분할 수 있게 되었습니다. 귀찮음과 자책감이 마법처럼 사라진 것은 아니지만, 그런 감정이 찾아올 때면 잠시 멈추고 숨을 내쉰 뒤 '지금이라도 헬스장에 가볼까?' 하고 스스로에게 물을 수 있게 되었습니다. 습관처럼 올라오던 자책감이 점점 줄었고, 제 사고 방식과 행동도 달라졌다는 걸 느낍니다.

- 이바 (김민수)

"숨겨온 마음을 이제는 솔직하게 표현할 수 있어요."
명상을 하기 전까지 저는 제 감정에 크게 신경 쓰지 않는다고 생각했어요. 늘 '나는 괜찮아!'라는 태도로 지냈지만, 사실 다양한 감정을 인식하지 못한 채 무시하고 있었더라고요. 명상을 하면서 '내 안에 이런 감정들이 있었구나' 하고 깨닫게 되었어요. 처음에는 그 감정들이 낯설고 불편했지만 바라볼수록 왜 그런 감정이 내 안에 있었는지 조금씩 이해할 수 있었어요. 감정뿐 아니라 내 욕구도 들여다볼 수 있게 되었죠. 이제는 '방금 너의 말을 듣고 속상했어. 나는 네가 공감해주길 바랐어.'라고 솔직하게 표현할 수 있게 되었어요. 내 감정을 돌보려고 노력하니 불안과 스트레스가 줄었어요. 2년 전만 해도 막연한 불안에 휩싸이곤 했지만 지금은 그런 불안에서 한 발짝 벗어난 기분이에요. 앞으로도 명상을 통해 내 감정을 잘 돌보며 평온함 속에서 살아가고 싶어요.

- 물방울 (징여진)

"지친 마음을 회복하고 불안을 마주할 힘이 생겼어요."
일을 시작한 지 9년 차에 번아웃이 왔어요. 사실 그전에도 겪은 적이 있지만, 그때는 번아웃이라는 걸 인지하지 못한 채 엉망이 된 나를 자책하며 지나쳤던 것 같아요. 2023년 말, 번아웃을 제대로 마주했을 때 '내가 해내지 못하면 어떡하지? 다른 사람들이 나에게 실망하면 어떡하지? 내가 일을 못하는 사람으로 인식되면 어떡하지?'라는 생각들로 스스로를 몰아붙였어요. 늘 내가 가진 에너지의 200% 이상을 쏟아부으며 과도하게 몰입했죠. 그렇게 불안감과 책임감을 견디며 버텼어요. 하지만 시간이 흐르고 보니 나에게 아무런 에너지가 남아있지 않다는 걸 온몸으로 느꼈어요. 2주간의 발리 여행도 해결책이 되지 못했죠.

그런데 어느 날 '왈이네'의 불안 관리 코스 포스팅을 보게 되었고, 그 후로 지금까지 함께 수련하고 있어요. 여전히 일하면서 불안을 느낄 때가 많지만, 이제는 불안을 마주할 수 있고, 불안과 함께 있으려고 노력할 줄 알게 되었어요. 그리고 불안이 사라지기도 하고 다시 찾아오기도 하는 감정이라는 것도 이해하게 되었죠. 무엇보다 나의 불안을 솔직하게 공유해도 응원과 지지를 보내주는 공동체가 있다는 사실에 큰 힘을 얻어요. 일터에서 유난히 불안을 많이 느낀 날에도 이제는 이렇게 말하며 하루를 마무리하곤 해요.

"나의 불안아, 오늘도 힘들었지. 고생했어. 푹 자자."

- 포레 (김태희)

"나의 서투름마저도 안아줄 수 있게 되었어요."

저는 쉬지 않고 일하는 사람이었어요. '왜 이 정도밖에 못 해? 너만 힘들어? 안 되는 게 어디 있어, 되게 하는 거지.' 하며 스스로를 몰아붙이곤 했죠. 분명 좋아서, 잘하고 싶다는 마음으로 시작했는데 어느새 그 마음은 의무감이 되어 저를 채찍질하고 있었습니다. 어느 날 야근을 하던 중, 갑자기 찢어질 듯한 고통이 찾아왔어요. 허리디스크가 터지고 나서야 비로소 제가 힘든 상태라는 걸 인정하게 되었어요. 그 무렵 명상을 시작했습니다. 돌이켜보면 불안함 속에서 저를 지켜줄 무언가를 필사적으로 찾고 있었던 것 같아요. 이대로 두면 제가 영영 망가져버릴까봐 무서웠습니다. 흔히들 "명상하면 생각이 비워져? 어떻게 눈 감고 아무 생각도 안 해?"라고 묻습니다. 처음엔 저도 비슷한 기대를 품고 '왕이네'를 찾았습니다. 불안이 빨리 사라졌으면 좋겠는데, 명상을 할수록 오히려 생각이 더 많아졌습니다. 도통 모르겠어도 그냥 매일 수련을 이어갔습니다. 금세 깨달은 건 명상은 생각을 비우기 위한 도구가 아니라는 점이었어요. 명상을 하면서 몸과 숨, 마음에 주의를 기울이다보니, 내가 지금 어떤 상태인지 분명하게 알아차리게 되었어요. 번아웃이 올 때까지 저를 내버려둔 이유도, 사실은 제가 어떤 상태인지 느끼지 못했기 때문이었어요. 딱 1년 만에 다시 일을 시작했습니다. 여전히 저는 쉬는 것이 어렵습니다. 또 다시 번아웃이 찾아오지 않을까 두렵기도 합니다. 하지만 분명히 달라진 것이 있어요. 이제는 불안한 나를, 스스로를 사랑하는 것이 아직은 서툰 나를 부드럽게 안아줄 수 있게 되었어요.

- 비움 (장은지)

Etc

알아차림 노트
감정 사전
감각 사전

Notes
알아차림 노트

 내 마음을 기록하는 것은 나에 대한 데이터를 쌓아가기 가장 좋은 방법입니다. '알아차림 노트'에서는 앞으로의 계획을 세우는 것이 중요하지 않아요. 지금 내게 필요한 도움이 무엇인지 고민하는 공간이거든요. 지금 이 순간 내 마음(감정)과 몸(감각)이 어떤 상태인지 멈춰서 살펴보세요. 뒤에 수록된 사용 예시와 '감정 사전·감각 사전'을 참고하면 처음이어도 기록하기 어렵지 않을 거예요.

QR CODE

템플릿을 다운로드해서,
틈틈이 내 마음을 기록하는 습관을 만들어보세요!

작성 가이드

1) 자기 조절력 점수를 매일 체크하는 것은 불안의 신호를 알아차리는 데 도움이 됩니다. 점수가 5 이하로 떨어지는 날이 지속된다면 불안이 커지고 있다는 신호일 수도 있어요.

2) 마음과 몸의 상태를 적는 것이 익숙해질 때까지는 '감정 사전'과 '감각 사전'을 활용해보세요. 다양한 표현을 찾아보는 것만으로도 나를 이해하는 데 큰 도움이 될 거예요.

3) Step 3의 마음 그래프에서 내 마음 상태가 양끝 중 어느 쪽에 더 가까운지 표시해보세요.

4) Step 4는 지금 이 순간 나에게 가장 필요한 말과 응원을 건네는 곳입니다. 친구에게 하듯이 나를 위한 따뜻한 한마디를 남겨보세요.

Date : 2025.00.00

Step 1. 자기 조절력에 0~10까지 점수를 매겨보세요.

오늘 나는 얼마나 내 뜻대로 움직였나요?

0   1   2   3   4   5   6   7   8   9   10

Step 2. 오늘 나의 몸은 어땠나요?

오후 내내 긴장한 탓에 속이 더부룩했다.
마감할 때는 손이 차가워진다. 숨은 짧고 얕다.

카페에서 친구와 수다를 떠니 가슴 중앙에 무거운 느낌이 가벼워졌다.
향긋하고 따뜻한 차를 마시니 뻣뻣했던 몸이 조금 풀어지는 듯했다.

Step 3. 오늘 나의 마음은 어땠나요?

메일 회신이 바로 오지 않아 실수를 했나 초조하고 신경 쓰였다.
마감일이 임박해서 초조하고 조바심이 났다.
저녁에 마음에 드는 카페에서 보낸 시간은 편안하고 만족스러웠다.

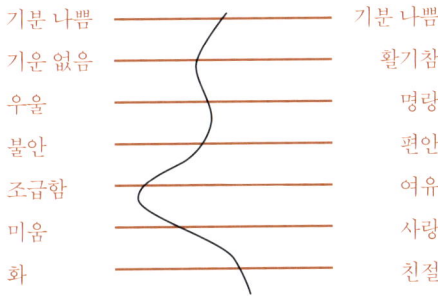

Step 4. 나에게 해주고 싶은 말을 작성해보세요.

아직 서툴러서 이번에는 많이 허둥거렸지만 앞으로 차근차근 하다보면 익숙해질 거야.
그러니 나를 너무 몰아세우지 말자!

Dictionary
감정 사전

내 마음을 기록하거나 마음챙김을 할 때 다양한 감정 표현들을 참고해보세요. 내가 느끼는 감정을 더 정확히 인지할 수 있습니다.

기쁜

감격스러운	신나는
감동적인	안온한
감사한	열중한
기대되는	용기 있는
놀라운	자랑스러운
든든한	자신 있는
만족스러운	재미있는
벅찬	편안한
사랑스러운	평화로운
생기 있는	활기찬
설레는	홀가분한

슬픈

고독한	안타까운
괴로운	애석한
그리운	외로운
막막한	우울한
무기력한	울적한
무력한	좌절한
미안한	처참한
서러운	침울한
서운한	허전한
실망스러운	후회스러운
쓰린	

화난

갑갑한	아니꼬운
고까운	야속한
귀찮은	애가 타는
기가 막히는	얄미운
답답한	어처구니없는
미운	억울한
반감이 드는	정떨어지는
분통 터지는	짜증 나는
분한	환멸 나는
싫은	혐오스러운

불쾌한

거북한	부러운
곤혹스러운	불편한
귀찮은	심심한
답답한	싸늘한
막막한	어색한
멋쩍은	어지러운
무관심한	지루한
무료한	지친
복잡한	피곤한
부끄러운	

두려운

걱정스러운	섬뜩한
겁나는	신경 쓰이는
경직되는	암담한
긴장한	조마조마한
까마득한	조바심 나는
깜짝 놀란	진땀 나는
당황스러운	찜찜한
뒤숭숭한	참담한
무서운	초조한
벌렁 대는	혼란스러운
불안한	

Dictionary
감각 사전

명상할 때나 일상에서 내 몸의 상태를 더 섬세하게 느끼고 싶다면 몸의 여러 감각 표현을 활용해보세요.

숨

속도
느리다
잔잔하다
빠르다
가쁘다

리듬
규칙적이다
고르다
불규칙적이다
들쭉날쭉하다

온도
따뜻하다
뜨겁다
시원하다
차갑다

습도
건조하다
촉촉하다

숨이 잘 느껴지는 부위
가슴
코끝
인중
배

촉각

온도
덥다
따뜻하다
뜨겁다
후끈하다
시리다
시원하다
차갑다
춥다

습도
건조하다
끈적끈적하다
메마르다
보송보송하다
촉촉하다
축축하다

경도
딱딱하다
말랑하다
무르다
뻣뻣하다

무게감
가볍다
들뜨다
무겁다
묵직하다

표면
거칠다
매끄럽다
부드럽다
우둘투둘하다
쭈글쭈글하다
팽팽하다

위장
답답하다
더부룩하다
빵빵하다
출출하다
텅 비다
편안하다

통증
가렵다
간지럽다
따끔하다
띵하다
뻑뻑하다
쑤시다
압박감이 든다
어지럽다
얼얼하다
욱신거리다
저리다
조이다
찌르다
찌릿하다

청각

<u>소리 세기</u>
작다
조용하다
크다
시끄럽다

<u>높낮이</u>
음이 높다
음이 낮다

<u>리듬</u>
규칙적이다
불규칙적이다

<u>들리는 방향 · 위치</u>
오른쪽
왼쪽
아래
위
앞
뒤
가까이
멀리

시각

<u>밝기</u>
빛이 밝다
빛이 어둡다

<u>채도</u>
색이 선명하고 맑다
색이 탁하고 어둡다

<u>원근감</u>
가까이 크게 보이다
멀리 작게 보이다

미각	**후각**
맛	향
고소하다	매캐하다
달다	지독하다
담백하다	청명하다
시다	향긋하다
싱겁다	
자극적이다	
짜다	

내일이 걱정되어 잠들지 못하는 나에게
불안 다루기 연습

초판 발행 ㅡ 2025년 4월 24일

지은이 ㅡ 김지언, 노영은
발행인 ㅡ 이종원
발행처 ㅡ ㈜도서출판 길벗
브랜드 ㅡ 리드앤두 READ ↙ DO
출판사 등록일 ㅡ 1990년 12월 24일
주소 ㅡ 서울시 마포구 월드컵로 10길 56(서교동)
대표전화 ㅡ 02)332-0931 | 팩스 ㅡ 02)323-0586
홈페이지 ㅡ www.readndo.co.kr | 이메일 ㅡ hello@readndo.co.kr

리드앤두 ㅡ 김민기, 이정, 연정모, 박세린 | 객원편집장 ㅡ 김보희
제작 ㅡ 이준호, 손일순, 이진혁
유통혁신 ㅡ 한준희 | 영업관리 ㅡ 김명자, 심선숙 | 독자지원 ㅡ 윤정아

디자인 ㅡ 스튜디오 고민 | 전산편집 ㅡ 김정미 | 교정교열 ㅡ 안혜희 | 인쇄 및 제본 ㅡ 정민

· 리드앤두는 읽고 실행하는 두어들을 위한 ㈜도서출판 길벗의 출판 브랜드입니다.
· 이 책은 저작권법의 보호를 받는 저작물로 이 책에 실린 모든 내용, 디자인, 이미지, 편집 구성은
  허락 없이 복제하거나 다른 매체에 옮겨 실을 수 없습니다.
· 인공지능(AI) 기술 또는 시스템을 훈련하기 위해 이 책의 전체 내용은 물론 일부 문장도 사용하는 것을
  금지합니다.
· 잘못 만든 책은 구입한 서점에서 바꿔 드립니다.

ⓒ 김지언, 노영은, 2025

ISBN 979-11-407-1450-6 (03190)
(길벗 도서번호 700007)

정가 17,000원

독자의 1초까지 아껴주는 길벗출판사

(주)도서출판 길벗 | IT교육서, IT단행본, 경제경영, 교양, 성인어학, 자녀교육, 취미실용 www.gilbut.co.kr
길벗스쿨 | 국어학습, 수학학습, 어린이교양, 주니어 어학학습, 학습단행본 www.gilbutschool.co.kr

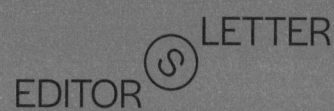

이 페이지까지 도착하신 두어님이라면, 아마도 불안을 다루는 이 책의 여정을 완주하신 분들이겠죠. 책장을 한 장 한 장 넘기는 동안 마음이 전보다 가벼워지셨을까요?

『불안 다루기 연습』은 저에게도 작업하는 내내 참 고마운 책이었어요. 저 역시 불안이 찾아오면, 스스로를 몰아붙이거나 멈출 줄 모르고 숨가쁘게 행동해왔는데요. 이 책을 편집하면서 조금은 다른 사람이 되었다고 느낍니다. 불안해서 그런 줄 몰랐던 지난 모습들을 제대로 마주하게 되었고, 몸이 불안하다는 신호를 보내면 하던 일을 멈추고 호흡부터 가다듬는 습관이 생겼어요. 지금도 계속해서 배운 것들을 일상에 적용하며, 불안에 저항하는 대신 다가서는 연습을 하고 있어요. 아직 불안을 따뜻하게 대하는 데는 서투르지만 불안과 만나는 시간을 늘려가고 있습니다.

변화의 크기가 아무리 작아도, 한 번 어떤 경험을 지나온 나는 그 이전과 같을 수 없다고 생각해요. 그런 변화는 겉으로는 드러나지 않아도, 나는 분명히 알 수 있잖아요! 이 책을 읽은 두어님에게도 그런 변화가 조용히, 하지만 분명히 일어나 있기를 바랍니다. 책을 읽으며 '이렇게 하는 거구나' 하고 고개를 끄덕이셨다면, 그다음에는 '해보니까 이런 느낌이구나' 하며 나의 경험으로 만들어가시면 좋겠어요. 앎에서 그치지 않으려면 한 번, 두 번, 다시 시도해보면서 내 것으로 만드는 시간이 필요하더라고요.

그래서 이 책이 여러분에게 '반려책'이 되었으면 합니다. 몸과 마음이 나에게서 멀어졌을 때 되돌아올 수 있는 안식처럼 늘 곁에 있었으면 해요. 침대 머리맡이나 책상 한 켠에 놓고, 표지와 눈이 마주칠 때마다 스스로에게 '지금 내 마음이 어때?'라고 가만히 물어보세요. 의식하지 않으면 어느새 내 마음을 뒷전으로 미루고 있을지도 모르니까요. 그럴 때마다 이 책을 펼치고 다시 천천히 안정을 찾으시면 좋겠어요. 두어님의 하루하루에 불안 대신 편안한 순간들이, 조금씩 더 많아지기를 진심으로 바랍니다!

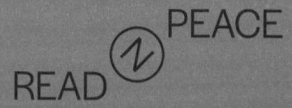